现代图书馆服务理论与实践研究

赵兴雅 / 著

吉林人民出版社

图书在版编目(CIP)数据

现代图书馆服务理论与实践研究 / 赵兴雅著. --长春：吉林人民出版社，2022.8
ISBN 978-7-206-19397-2

Ⅰ.①现… Ⅱ.①赵… Ⅲ.①图书馆服务-研究 Ⅳ.①G252

中国版本图书馆 CIP 数据核字(2022)第 156278 号

现代图书馆服务理论与实践研究

XIANDAI TUSHUGUAN FUWU LILUN YU SHIJIAN YANJIU

著　　者：赵兴雅
责任编辑：孙　一　　　　　　　　封面设计：书香力扬
出版发行：吉林人民出版社(长春市人民大街 7548 号　邮政编码：130022)
印　　刷：长春市华远印务有限公司
开　　本：145mm×210mm　1/32
印　　张：7.75　　　　　　　　字　　数：190 千字
标准书号：ISBN　978-7-206-19397-2
版　　次：2022 年 8 月第 1 版　　印　　次：2022 年 8 月第 1 次印刷
定　　价：56.00 元

如发现印装质量问题,影响阅读,请与出版社联系调换

前　言

　　图书馆作为文献信息中心，以服务社会、服务读者为根本宗旨。图书馆的基本职能就是直接或间接地满足读者需求。因此，图书馆各项工作的出发点和归宿点都应立足于服务。可以说，服务是图书馆存在的前提，是检验图书馆办馆效益的标准，也是评估图书馆工作的重要指标。一个图书馆的魅力，不在于它有多少藏书，而在于它的人性化服务理念是否先进，在于它的服务质量和服务方向。

　　随着以网络为中心的计算机技术、通信技术、数字信息化技术的迅速发展，计算机网络以其强大的信息检索能力使得信息的传递、获取进入了全新的网络时代。搜索引擎等网络工具的不断强化与网络资源的日益丰富，改变着人们获取信息资源的方式和习惯。用户获取信息的渠道和方式日益多元化，给图书馆服务带来了强大的冲击，使图书馆的传统优势地位面临着严峻的挑战。但另一方面，各项新型信息技术在图书馆的广泛应用，使图书馆服务也呈现出一些新的特点，比如服务理念的信息化、服务内容的知识化、服务载体的网络化、服务方式的多元化、服务态度的主动化等。为此，本书主要探讨现代图书馆服务的理论和实践，使之在新的环境下快速发展，跟上时代的发展步伐。

本书以现代图书馆服务为主题，以服务创新为视角，从图书馆服务的概念与发展、本质与特征、服务理念、服务组织和方式等方面剖析现代图书馆服务的基本理论，在此基础上，探讨现代图书馆服务组织与资源，重在体现现代图书馆的个性化服务、参考咨询服务、移动阅读服务，最后探索现代图书馆的图书资料管理与服务创新。书中内容多源于图书馆的实际工作，可读性和实用性较强，所提出的观点和模式，对读者了解图书馆服务现状和发展前景有一定参考价值。

笔者在撰写本书的过程中，得到了许多专家学者的帮助和指导，在此表示诚挚的谢意。由于笔者水平有限，加之时间仓促，书中所涉及的内容难免有疏漏之处，希望各位读者多提宝贵意见，以便笔者进一步修改，使之更加完善。

目　录

第一章 现代图书馆服务的基本理论

作为图书馆中的基本宗旨，服务是图书馆发展过程中的主线，也是图书馆核心价值内容的重要组成部分。本章主要围绕图书馆服务的概念与发展、图书馆服务的本质与特征、图书馆服务的理念解读、图书馆服务的内容与方式展开论述。

第一节 图书馆服务的概念与发展

一、图书馆服务的概念界定

随着社会经济的进一步发展，人类的分工不断细化，服务的是一方为满足另一方需求而出现的社会活动，因此，服务成了人类社会发展过程中的必然产物。

人们对服务概念的理解伴随着社会实践过程的发展，产生了深刻变化。在现代图书馆工作中，图书馆服务这一概念也有着特定的内涵和外延，同时，反映了人们对图书馆服务工作本质的认识。清楚了解图书馆服务的概念对研究图书馆服务与图书馆服务工作有着非常重要的意义。

图书馆服务，是我们经常所讲的图书馆读者服务。但因为现代图书馆服务功能的进一步扩大及服务形式多样化的出现，图书馆服务对象已不仅仅局限于传统读者这个群体了，进一步扩大到其他需要图书馆服务的各类用户。为符合图书馆工作实际的需要，我们把图书馆读者服务改称图书馆服务，这样，也更有利于我们对图书馆服务做更深入的研究。

很长一段时间，图书馆界把图书馆读者服务与图书馆读者工作混为一谈，只对读者工作进行研究，忽略了对图书馆服务的研究，使读者工作研究本身显得十分薄弱，最终使我们在图书馆服务理论中出现研究不深、不远的情况，同时，在工作实践中也没有准确把握图书馆服务的发展与运作规律，导致我们从事的图书馆事业不能完全地满足现代社会对图书馆功能的要求和广大社会公众对文献信息及休闲、娱乐的需求，这就使我们的图书馆工作很大程度上游离于新时代中国特色社会主义建设事业。

当前，从事图书馆研究的人员对图书馆服务的界定也是众说纷纭，处于并不确定阶段。具有代表性的不同观点如下：

（1）图书馆需要根据读者文献信息的需求，不断利用图书馆资源直接准确地向读者提供信息与文献。这样，才能把图书馆服务、读者服务和读者工作三者等同起来。

（2）图书馆服务是为了满足读者信息需求而开展的工作，同时，把服务分为信息咨询服务、信息资源提供服务两大类。图书馆服务的内涵并不仅仅是为了满足读者的信息需求从而开展的工作，还应包含图书馆的服务理念、服务环境、服务质量以及图书馆服务过程中从业人员的业务能力、服务态度等。

（3）图书馆服务是图书馆利用图书馆资源满足读者文献信息需求的行为和过程。

（4）图书馆对于文献的使用和服务、客户发展、客户研究、客户培训等一系列工作统称为图书馆服务，同时，也把它看作为客户服务工作、读者服务工作。

（5）图书馆把丰富的文献信息资源向全社会、向读者传递而形成了图书馆特有的活动——读者服务。

我们发现，通过以上对图书馆服务的不同分析界定，现代图书馆服务有着几个共同的结构因素：其一是图书馆的服务对象统一，主要以读者为主体的社会各类组织或个人组成了图书馆服务中的用户，其中一些个人和单位可能不是图书馆文献信息的使用者。其二是图书馆资源，也可称作图书馆的服务资源。这种资源是图书馆开展服务的前提条件，包括文献信息资源、设施资源、人力资源，以及其他一切可以被社会和个人所利用的各类资源。其三是图书馆服务的对象通过文献信息以及其他各种形式的服务需求。其四是为满足社会以及各类用户需要的不同服务方式和手段，这也是服务实现过程中的前提条件。综上所述，图书馆服务就是图书馆通过满足社会和用户对文献信息等多方面的需求，利用自身资源，运用各种方法从而开展的一系列服务活动。这种定义，不但符合目前图书馆服务的工作实际，也满足图书馆服务开放过程中的发展趋势，同时，具有一定的前瞻性。

我们可以从服务营销学的角度，把图书馆服务当成是一种产品，一种可以称为知识服务的产品。通过对信息的搜集、组织、分析、重组，让其成为知识和能力的基础，根据不同用户的需求和所处环境，融入用户解决问题的过程当中，提供一定程度能够有效支持知识应用与知识创新的服务。由于图书馆服务大部分是无形的、不可感知的，用户在获得服务的过程同时也是感知与体验服务的过程，具有较强的伸缩性。所以，我们必须把用户感知到的内容与图书馆服务的载体串联起来。图书馆作为"服务产品"这个概念，我们可以通过以下四个方面进一步理解：

（1）核心产品。它是由基本服务产品构成的，对图书馆而言，就是给用户不断提供查询、分析、信息、知识和组织文献。

（2）期望产品。我们把它和核心产品一起作为满足需要的基本条件。人们抵达图书馆后，除获得相关的文献、知识和信息外，还需要得到一些附加内容，包括方便简单的办证手续、简明准确的导引系统、快速的检索和输出服务以及舒适的等候条件等。

（3）增值产品。得到的产品与其他产品差别的体现。图书馆提供的服务其实有别于其他产品，具体体现在图书馆更加关注和强调利用自身的知识和能力对现有的文献进行再次加工，并且形成新的具有独特的价值信息产品，为用户解决问题。

（4）潜在产品。用户为了得到产品的潜在价值与利益，在享受图书馆提供服务产品的同时，他们自身的知识积累和文化修养同时也得到了提高，这就无形地增加了用户感知的附加值。

我们谈到的上述四种产品中的后三个产品（期望产品、增值产品、潜在产品）可以统称为边缘产品，我们也可以叫"附加服务"。

图书馆服务是图书馆通过其文献、设备设施等资源按照人们的需求提供的一系列活动，我们可以从这一点上看出，图书馆服务作为人类社会活动的重要组成部分之一，始终贯穿在人类社会发展当中。从古代的藏书楼到现代的图书馆，伴随着社会不断的发展，它的服务内容、服务形式、服务手段也不断发生着变化，但是，其服务本质一直没有改变，即通过文献资源为主体，向社会提供服务。

二、图书馆服务的发展演变

图书馆服务经历了从封闭到开放，从仅提供一次文献服务到提供多次文献服务，从借阅服务到参考服务，从坐等服务到主动推进服务，从信息服务到知识服务，从完全无偿服务到出现有偿服务，从按时服务到即时服务，从在馆服务到多馆服务、馆外服务，从在线服务到全球服务的漫长历史过程。

在西方，图书馆服务可以追溯到公元前6—5世纪。在雅典古希腊图书馆遗址的墙壁上曾发现刻有"不得将图书携出馆外"的阅览规则。在印刷术发明前的多个世纪中，藏书只能被少数人拥有，且大多仅限于馆内阅览。到中世纪初、中期，在修道院基础上发展起来的大学图书馆已开始重视借阅工作，但那些稀有珍贵的书籍仍被金属链锁住，以防读者携出馆外。17世纪，德国图书馆学家G.诺德提出图书馆不应只为特权阶层服务，应该向一切愿意来图书馆学习的人开放，服务时间也要相应地延长。G.诺德主持的马萨林图书馆自1645年起每周开放一次，1648年以后每日开放。约在同一时期，另一位把图书馆喻为"人类百科全书""一切科学宝库"的德国图书馆学者G.W.莱布尼茨认为："图书馆头等重要的义务是想方设法让读者利用馆藏进行学习，并配备完整的目录，延长开放时间，不要对出借图书规定太多。"受莱布尼茨思想的影响，1752年格丁根大学明文规定，除星期日外每天开放10小时，读者可以自由地利用馆藏。1735年，法国皇家图书馆向民众开放。19世纪上半叶，美国出现了指导读者利用图书馆馆藏的服务，1894年，美国丹佛公共图书馆率先开辟了儿童阅览室。20世纪初，美国出现了农村图书馆和流动书库，英国开始使用流动书库并开展邮寄借书，许多国家的大型公共图书馆和大学图书馆均设立了不同学科的参考咨询、文献检索部门，以及配备学识渊博的专家指导阅览、开展参考咨询和情报检索等工作。许多公共图书馆还设立讲演厅、展览厅、电影放映室，出借唱片等音像制品。针对图书馆服务问题，许多著名科学家、思想家发表了精辟论述，对图书馆服务工作的开展起到了良好的指导和促进作用。例如，美国图书馆学家M.杜威在长期寻求把书和人联系起来的最有效的方式的基础上，提出任何图书馆都应向读者提供情报，解答咨询①。

第二次世界大战以后，随着图书馆事业的迅速发展，图书馆服务的内容和方式日益多样化，影响越来越大，一些国家开始制订图书馆服务方面的法律法规。其中具有代表性、影响较大的是美国国会于1956年制订的《图书馆服务法》（1964年发展成《图书馆服务与建设法》）。这类法规对于促进图书馆服务逐步走向法治化、科学化和现代化，更好地搜集、整理、保存和提供人类已有的知识发挥了重要作用。20世纪中期以后，许多国家努力实现图书馆资源共享，广泛开展馆际协作，向各类型用户提供深入、系统和便捷的文献和情报服务。

中国的图书馆历史悠久，渊远流长。但由于长期受封建社会制度的制约，保存藏书一直是其主要功能，很少对外开放服务。

---

① 江涛，穆颖丽. 现代图书馆服务理论与实践［M］. 郑州：河南人民出版社，2014：

尽管明末曹溶曾经在其所著《流通古书约》一书中，提倡用传抄和刊刻方法扩大藏书的流通和传播范围，清代乾隆进士周永年的"籍书园"和道光内阁国英的"共读楼"等私人藏书楼也曾准许少量读者定期入内阅览，但影响都不大。真正开始向社会开放、提供服务的是1904年浙江绍兴徐树兰创建的古越藏书楼，以及此后的一些省立公共图书馆。辛亥革命以后，中国的图书馆服务对象逐渐增多，如京师通俗图书馆设置新闻阅览室、儿童阅览室，并在一些县设立巡行文库。1919年五四运动前后，时任北京大学图书部主任的李大钊不断强调图书馆的教育职能，提出公共图书馆应向工人、市民开放，实行开架阅览。以杜定友、刘国钧等为代表的欧美图书馆学派，推行西方的办馆思想，也主张图书馆要为民众服务，要用各种方法吸引读者，并辅导他们自学。李小缘则强调图书馆要发挥"消息总机关"的作用，向社会提供咨询服务。

中华人民共和国成立以后，公共图书馆、高等学校图书馆、科学技术图书馆等各类型的图书馆分别根据各部门制订的图书馆条例中的有关规定，通过阅览、外借、复制、参考咨询、文献检索、宣传报道、定题情报提供、情报分析等方式，广泛地为人民服务，为经济建设、科学技术和文化教育事业的发展服务。同时由于代查、代借、代复制、邮寄借书和流动图书馆服务的开展，使远离图书馆的读者也可以获得图书馆服务。

20世纪70年代前后，图书馆工作开始计算机化，但主要应用于内部业务，未能从根本上改变图书馆服务的基本架构。随后兴起的信息化热潮，对图书馆传统的一次文献服务形式形成了强烈的冲击。信息服务是以向人们提供有用的显性信息为内容的信息传播过程，其特点和局限性在于信息内容的显性信息与显性知识，信息服务过程中采集、提供的信息，主要是将文献直接提供给用户，如一次文献、二次文献等。计算机网络普遍应用后，文献利用的"场所束缚"、图书馆利用的"时间限制"、文献与利用者的"地理间隔"等问题都将不复存在。为此，美国加利福尼亚大学伯克利分校图书馆情报学院（现改为信息管理与系统系）的伯克兰德教授在《图书馆服务的再设计：宣言》一书中提出"未来一百年将是图书馆馆员必须重新构筑图书馆服务架构的时代"①。他指出，信息技术的发展已经从根本上改变了图书馆的世界，一场图书馆革命迫在眉睫。但是这场正在进行的革命是一场对技术的改革，并没有证据说明图书馆的历史使命会有根本变化，同时他认为，整个图书馆服务的架构要发生根本性变化，有必要重新设计，这也正是该书的"宣言"。另外他还指出了图书馆服务的变化主要表现为：服务的便利性、服务的自助利用和馆外利用等。网络的出现使图书馆界认识到其核心能力不在于所拥有的资源，而在于其具备的广泛信息资源以及为用户创造价值的知识和能力。在今后的发展中，图书馆的核心能力将定位在知识服务，即以信息知识的搜寻、组织、分析、重组等能力为基础，根据用户的问题和环境，融入用户解决问题的过程之中，提供能够有效支持知识应用和知识创新的服务。

从古代图书馆到现代图书馆的历史演变来看，图书馆服务具有以下发展规律：

一是服务对象扩展。图书馆的服务对象经历了一个从严禁到

---

① 江涛，穆颖丽. 现代图书馆服务理论与实践 [M]. 郑州：河南人民出版社，2014：

限制到部分开放到全面开放的过程。中华人民共和国成立前，因为能够对外开放的图书馆数量和藏书极其有限，加上广大工农群众中文盲占大多数，我国的图书馆实际上只能为少数人服务，是完完全全的"精英服务"。中华人民共和国成立后一直到20世纪80年代后期，虽然通过开展扫盲运动、普及教育，广大人民群众的科学文化水平逐步提高，图书馆服务对象扩展到了全社会，但人们还是受地域、身份等方面限制，读者必须持有关证件进馆，办理借书证须单位证明其有本地户口。到了20世纪90年代，由于人们的文献信息需求的增加，公共图书馆已面向全社会开放，社会成员可以不受地域、身份等方面的限制，就近享受图书馆服务。目前许多图书馆都免费向所有居民开放，任何人都可以进馆阅览书刊，无论是本地居民还是外来劳务人员，只要持本人身份证就可以办理借书证，免费借阅图书馆的书刊资料。

二是服务内容增加。由于人类信息需求的扩大，图书馆的服务内容也在相应增加。古代图书馆只是为皇朝政事提供参考、为公私著述提供资料，近代图书馆主要是阅览服务。现代图书馆除了为用户提供借阅服务、参考咨询、文献情报检索等服务外，同时还为他们提供网络服务，包括全文检索服务、多媒体检索服务、网络检索服务、网络咨询服务，以及查询咨询服务、休闲娱乐服务等，不仅提供传统印刷型文献资料，还同时提供数字化的文献信息。服务功能的多样化使图书馆不再是单纯的文献收藏中心，更是社会教育的基地、信息传播中心和民众休闲娱乐的重要场所。

三是服务手段提高。20世纪60年代以前，图书馆各项工作都处于手工操作阶段，图书馆服务效率低下。20世纪70年代以来，随着计算机技术在图书馆的应用，图书馆内部管理逐渐实现自动化，图书馆服务效率有了显著提高。机读目录的出现为用户提供了更多的检索途径，流通自动化简化了用户的借、还手续。20世纪90年代以后，随着互联网技术的发展，图书馆服务实现了网络化。通过互联网，用户在家里就可以轻松阅读到图书馆数字化的文献资料，并下载自己所需要的信息。图书馆则可以利用互联网建立虚拟馆藏，共享他馆及其他信息机构的信息资源，为用户提供信息服务。

四是服务方式进化。随着社会的进步和发展，人们的信息需求日趋增加，图书馆的服务方式也有了巨大变化。古代图书馆由于馆藏信息资源数量、管理手段及信息需求等方面的限制，一般仅提供室内阅览服务。到近代，图书馆馆藏文献数量有了显著增长，人们对文献需求趋于大众化，图书馆除了提供馆内阅览服务外，亦向读者提供文献闭架式外借服务。到了现代，随着科学技术的飞速发展，文献信息资源急剧增长，人们的信息需求日趋多样化，封闭式服务已不能满足人们的需要，图书馆便逐步实现了开放式服务，实现了借、藏、阅一体化，极大地方便了用户使用文献信息资源，也提高了文献信息资源的使用率，最大限度地发挥了资源。随着互联网的发展，图书馆服务已不再局限于图书馆内服务。通过互联网，图书馆可以提供线上阅读、全文信息传输等多种服务，及时快捷地满足社会大众的文献信息需求。图书馆服务已不再局限于提供纯文献信息，而是提供着多种功能、多种形式的社会化服务。

第二节 图书馆服务的本质与特征

一、图书馆服务的本质分析

系统论主张从系统整体出发研究系统与系统、系统与各组成部分及系统与外部环境的关系。如果将图书馆看作一个系统，则图书馆系统包含文献采集处理子系统、文献信息传递子系统、图书馆管理子系统、读者子系统四部分。在具体的图书馆工作中，我们在强调前三个子系统时，往往忽略了衡量前三个子系统效果的读者子系统。一般来说，只有读者子系统与前三个子系统的相互作用时才能显示出整个图书馆系统的活力，这种相互作用通常体现在图书馆的服务工作上。一个图书馆对读者的态度决定着读者服务工作的质量，这一切又影响到图书馆内部工作的展开。从系统内部分析来看，如果不重视读者工作的图书馆，系统等一直处于超稳定的状态，即输入的文献信息总量大于输出的文献信息总量。

阮冈纳赞在图书馆五原则中一直强调图书与读者的关系，另一方面认为图书馆作为一个发展有机体，它的存在必须适应读者不断变化的需求，图书馆是为了读者而存在的。如果一个图书馆失去读者，其价值体现也便失去了依据，而衡量图书馆价值一般是从图书馆服务这方面来说的。在英国图书馆学术界和图书馆界对图书馆服务的基本观点是：为读者服务是图书馆存在的最终目的，图书资料只有被人们利用时才会转化为情报，信息时代图书馆的去向最终取决于读者服务的去向。美国学院和研究图书馆学会制订的《图书馆标准》中明确规定：必须经常教育读者有效地利用图书馆。有读者，同时还有为满足读者不断变化的需求而服务的观念，便是完整的、有活力的图书馆系统。

第二次世界大战以后，世界形势发生了重大变化，科学技术有了突破性进展。1946 年，第一代电子计算机诞生于美国，带来了科学史上的重大革命。1954 年，计算机第一次应用于图书馆，带来了信息的自动化，信息论、控制论、系统论等横向学科相继问世，为图书馆学与社会科学、自然科学的结合架起了桥梁，让通信技术、自动化技术等在图书馆和情报部门得到广泛应用，文献类型日益增加，文献数量急剧增长，人类社会开始进入信息时代。而信息化时代的根本特征之一是社会化，在社会化过程中，图书馆与社会的政治、经济、文化、教育乃至人们的日常生活联系得更为广泛和深刻。

图书馆的服务观念和服务工作有一个缓慢的发展过程。在漫长的发展过程中，由最初形式的藏书开放，逐步发展到外借、阅览等流通方式；由只为少数专家学者服务，发展到为广大的民众服务；由单纯的流通书刊，发展到宣传图书、指导阅读；由被动的提供文献资料，发展到主动地开发信息资源。这是一个由低级向高级、由简单向复杂、由被动向主动的历史发展过程。每个发展阶段都使读者服务工作向更高的水平迈进。

从服务观念和服务思想上来看，在强调文献的提供和传递作用的同时，必须强调对读者的教育作用。从历史发展来看，凡是较为强调图书馆服务工作的教育作用，把读者服务作为一种教育人民的手段来看待的，那个时期的图书馆服务工作就比较深入，也比较丰富和活跃，取得的成绩也比较明显和突出。所以，在读者服务工作中抓住教育作用这个重点是提高服务质量的关键。

由于读者服务工作是利用书籍来进行宣传和教育的，因此，它总是与各个历史时期的政治、文化息息相关。从上述我国近代图书馆读者服务工作的发展简史中，可以窥见中国近现代社会历史发展的一斑。

当前世界新技术革命的浪潮冲击着各行各业。作为信息交流中间环节的读者服务工作，必然会受到冲击和影响。我们必须掌握时机，一方面要在认知上追赶形势的发展，提出新的服务理念和服务思想；另一方面要应用新的科学技术来武装和发展图书馆事业，促使读者服务工作向新的方向和更高水平发展。

传统图书馆的服务主要是以文献借阅为主，而在信息网络时代的图书馆应力图突破这种局限，强调图书馆的多功能创新服务，即图书馆要深化文献信息资源服务，不仅提供文献单元服务，还要提供信息知识服务，接受各种咨询，解答各种问题。同时，还要扩大服务内容与服务领域，积极为大众提供休闲、审美、交流、健身、学习等多方面的服务。在信息化社会，图书馆服务的本质不但要强调多功能的图书馆服务，还要注意加强特色服务，特色服务的基本前提是每一个图书馆都应该建立自己的馆藏特色，以展现自己存在的个性，同时馆藏资源以某一学科领域以及相关文献为范围，在服务上有针对性，服务方式灵活新颖。图书馆因其馆藏的专一性，可以在信息知识服务上迅速形成垄断地位，提高服务的权威性及保障率。

在现代社会，图书馆服务是一种有着丰富内容和重要意义的工作，它是图书馆工作的主要组成部分，是图书馆联系社会与用户的桥梁，是图书馆工作的最终价值体现，是图书馆工作的出发点和最终目的，也是图书馆为社会的物质文明、政治文明和精神文明建设做出应有贡献的主要途径和手段。图书馆是文献信息的服务中心，而图书馆馆员作为信息资源的管理者，无论对传统的印刷品信息资源，还是对现代化的电子出版物及网络信息资源，都应利用自身的知识和技能进行有序的管理，主动搜选编辑、加工提炼生产再创信息，以便向用户提供快捷的、高质量的、针对性强的信息资源，同时还要成为信息资源管理的专家，在信息社会中扮演并担负起信息导航者的角色，辅导读者合理利用文献信息资源，引导读者以最快、最佳的方式查找所需文献，并且在整个服务过程中，要遵循省力原则，要了解到"查找、利用方便"才是吸引读者的关键。在新时期我们应积极构筑全新的知识服务平台，提高信息用户的信息意识和信息能力，以读者为中心，只有这样才能赢得更多的读者。

在图书馆事业的发展中，应逐步确立"以人为本"的服务思想。图书馆各项工作的最终目的是为读者提供服务，读者对文献信息资源的使用情况和满意程度是评价图书馆业绩的重要指标。在当前网络环境下，图书馆要站在读者的角度，想读者所想，急读者所急，充分利用各种现代手段和资源，及时了解并解决读者提出的各种问题，与读者建立一种相互依赖、相互支持的关系。

随着信息技术的迅猛发展，信息资源共享、信息服务的网络化已经是不可逆转的发展方向。网络环境给图书馆的服务工作带来了前所未有的机遇，同时也带来了挑战。网络环境为图书馆服务提供了得天独厚的良好机会，图书馆应抓住这个机会，对信息资源的收集、加工整理、服务赋予新的内容和方法。图书馆的整体组织、人员安排、业务流程都要不断适应网络环境的要求，传统的服务方式可以利用网络环境来发挥新的效益，例如：图书馆的查询、外借预约、馆际互借等服务。但是要实现网络环境下对图书馆服务提出的高水平、高质量的要求，必须对图书馆馆员的知识结构提出新的更高的要求。在信息服务的过程中知识技术含量加大，向智能化发展，图书馆从事读者服务工作的专业人员在工作方式、工作价值、工作效率、工作成果等诸多方面将发生质的改变。

因此，为了方便读者在馆内的借阅方便快捷，就要提高图书馆馆员应用计算机网络等通信技术的能力，由于现代信息技术在图书馆领域的广泛应用，在网络环境下图书馆与信息用户之间的关系，发生了新的变化，随着用户自行上网检索的增多，需要馆员服务的机会也逐渐减少，图书馆员必须转变观念、提高认识，由过去单一的检索服务转变为检索服务和指导服务并存，这就要求馆员必须对网络的检索工具、信息资源、使用方法，以及计算机日常操作、信息检索技术、网络技术、信息存储技术、系统开发与维护等，有更多、更全面地了解，以保证在计算机网络环境下，顺利进行信息处理工作，而且可以利用网络改变图书馆与读者之间传统的交流方式。网络环境下图书馆馆员必须彻底转变旧的服务理念，重视"人"的因素；以读者为中心，真正树立"读者至上，服务第一"的观念，自觉做好读者服务工作，更好地服务于读者。

（1）在服务中要融入参考咨询。参考咨询是图书馆开展信息服务工作的重要途径。一线馆员不能仅仅停留在借还的水平上，而应该将咨询服务工作融入读者服务工作的各个环节中，及时为读者答疑解难，最大限度地满足读者对文献信息的需求。

（2）在服务中要做到换位思考。站在读者的角度去思考问题，切身理解读者的心情，想读者之所想，急读者之所急，这样才会大大提高服务质量。

（3）在服务中要坚持一视同仁。这里指的是要公平对待每一位文献信息使用者。要时刻牢记每一个公民都应该享受到公平公正的待遇，应当区别不同需求并为其平等地使用图书馆资源提供最佳服务。

（4）在服务中要自觉用心服务。这里的用心服务包括热心、耐心、爱心和细心。为读者服务要满腔热情（热心）；服务读者要百问不烦、百答不厌（耐心）；接待读者要时时处处为读者着想（爱心）；服务读者要把工作做细做精，让读者在细微之处体会到馆员的真诚服务（细心）。

（5）在服务中要注意交流沟通。馆员可以利用直接为读者服务的机会，了解读者信息需求和对图书馆工作的建议，并在交流中研究其阅读心理和阅读需求，区别不同情况，提供不同服务，做好知识中介、信息导航的工作；还可以利用定期举办读者座谈会、设立读者意见簿等方式，与读者交流，以便倾听读者意见，提高服务质量。也可以利用网络加强图书馆与读者的交流。多年来，传统图书馆与读者交流沟通的方式一般有以下三种：一是面对面交流，主要是在书刊借还过程中工作人员与读者的接触和交谈；二是在图书馆内设立"读者意见箱"以获取读者的建议事项；三是利用问卷调查，通过流通阅览数据的分类统计，分析读者对所需资源的阅读意向。传统图书馆通过多种形式与读者进行交流和沟通，对于研究读者阅读心理、把握读者实际需求、增进读者对图书馆了解、提高文献资源的利用率，都起到了一定的促进作用。但是，由于受到工作方法和工作手段的限制，传统图书馆与读者交流沟通的面比较窄，难以做到深入、及时、互动、持久、有效，因此有待提高。

然而随着知识经济时代的到来和知识多元化的发展，读者对图书馆的需求呈现多样化的发展趋势，信息技术的发展和计算机的应用也使图书馆的工作方式和服务模式发生了质的变化。图书馆联机书目信息系统的建立，为现实馆藏的展示和利用，开辟了快捷的服务通道；同时，各种各样的电子文献数据库及线上资源逐渐成为读者获取信息的重要途径，越来越多的读者热衷于通过计算机网络获取信息资源，解决在文献资源使用过程中遇到的各种问题。

为了使读者更好地了解和利用图书馆的现实馆藏、虚拟馆藏及各种服务，置于网络环境下的图书馆都在利用其网站主页，加强自身宣传和对读者的指导，并开始利用现代网络技术展开与读者的交流。在分析了当前图书馆存在的问题及读者的信息行为的基础上，图书馆利用网络，有针对性地构建了新的信息服务机制，按用户的信息需求和信息行为来设计信息服务内容、服务方式等，从而改变以往信息服务内容面狭窄，服务方式单一、僵硬，服务系统不全面的状况。全面提高服务人员的素质，以提高服务质量和水平，定期对网络服务人员进行培训和再教育，使其掌握先进的现代信息技术，不断更新知识结构，提高服务水平。积极研制和开发方便、易用的信息服务系统，使读者产生亲切感和信赖感，大大满足读者信息行为中的现实需求和信息提问；针对不同的读者开展专项服务，如利用电子邮件回答读者遇到的实际问题，促进问题及时解决。让读者直接参与文献信息资源建设，设立"新书推荐"栏目，提供新书书目信息，读者可直接在线上进行选择，使不同层次、不同专业的读者均能在图书馆得到满意的服务。

图书馆服务是图书馆发展的基础，也是图书馆生存的根本，只有做好服务工作，才能充分发挥文献资源的价值，实现图书馆的社会功能，才能让图书馆有美好的生存和发展前景。所以，图书馆馆员的服务不再是传统的书刊资料保管员和外借员，而是要为社会各层次人员提供全方位、多层次的信息服务。要抛开传统思维定式，从思维方式上快速与知识经济接轨，以适应时代所需。每一位图书馆馆员应立足于丰富多彩的图书馆实践，通过捕捉，发现实践中的问题，对其加以创造性的研究，为发展和完善图书馆增砖添瓦，成为发展和创新图书馆的一支重要力量。

二、图书馆服务的主要特征

现代图书馆读者服务工作正凸显出一些与以往不同的特点，特别是网络化的时代，网络技术的发展和应用，使图书馆向数字化、网络化和虚拟化的方向发展，导致图书馆的传统观念发生变化。随着网络时代的到来，作为人类知识宝库的图书馆正在发生着巨大的变化，它不再仅仅是保存和使用图书的场所，而是逐步发展成人类的知识信息中心。在网络环境下，图书馆的地位将大大提高，图书馆的服务也必将成为图书馆建设过程中最为重要的内容。

网络环境下的图书馆信息服务是一种高效的网络化、数字化服务，是现代信息服务的高级形式，它在服务理念、服务内容、载体形式、服务策略与方式等方面都有别于传统的信息服务，其主要特征如下：

（1）服务理念的信息化。信息服务首先是一种观念，一种认识和组织服务的理念。信息服务理念就是开展信息服务工作。确定信息服务策略、方式与模式的思维准绳和理论基础，是信息服务的灵魂——知识经济的迅速发展和用户在网络环境下呈现的出对知识的迫切需要，促使图书馆必须在知识服务层面上下功夫，有效地收集、组织、存贮信息资源，根据用户的需要对信息资源进行深层次开发，挖掘其中隐含的知识，提供解决问题的能力。信息服务的价值主要体现其为社会经济发展提供服务的知识含量（非简单的信息数量）。

（2）服务内容的知识化。服务内容的知识化是以信息用户的需要为目标，将图书馆信息服务的工作重点从文献利用转移到知识运用上，强调信息资源的开发与利用，为信息用户提供的不仅仅是信息线索及相关文献，更主要的是从复杂的信息资源中获取解决现实问题的信息知识，将这些知识信息重组为相应的问题解决方案，并将其转化到新的产品、服务或管理机制中。

（3）服务载体的网络化。网络环境是以数字化资源为基础，以网络技术为手段，实现跨越时空的资源共建共享。图书馆的馆藏不仅包括各类载体上的本地数字信息资源，而且还包括大量的虚拟数字信息资源。互联网的真正价值就在于可以通过四通八达的信息高速公路快速传递信息资源，它彻底地改变了传统的信息提供和获取方式，将分散于不同载体、不同地理位置的信息资源以数字方式存贮起来，并通过网络相互连接，实现了真正的信息资源共享，用户可以根据自己的需要，自由地访问自己所需要的信息资源，极大地增加了他们信息资源的拥有量，进而提高了整个社会的信息获取能力。网络化图书馆的建设，打破了传统图书馆的封闭服务理念。通过局域网、CER-NET 和因特网互联，实现了各种数据库资源的共享。通过网络资源的共享，图书馆的服务范围不断扩展，形成服务的无区域化。无论国内还是国际，这种变化趋势的进程都在加快。目前大多数图书馆已经联网。这种变化的最终目标是摆脱图书馆为特定读者群体服务的思想束缚，向社会开放，开展多种形式、多种渠道的信息服务，满足社会对信息的需求，更好地为社会各界服务，形成"大图书馆服务大社会"的理念。

（4）服务方式的多元化。网络环境下，数字文献的服务实现了网络化，用户可以通过信息网络同时进行访问、检索和下载，如利用数据库开展定题服务、课题查新或追溯服务等，这些都是数字图书馆为用户提供服务的重要方式。图书馆之所以在网上发布各种文献资源的消息，是为了不断地向用户提供所需要的信息和知识，用户可以在任何一个地方通过终端以联网的方式查找所需要的信息。数字信息的检索技术不再单纯地采用传统图书馆中惯用的关键词及其逻辑组合的方式，而是通过智能化人机交互的方式来检索信息。图书馆利用互联网上的虚拟信息开展信息服务，主要包括利用互联网上的各类网站和搜索引擎按学科或专题建立网上学科导航站或学科指引库，并存放于某一网页，引导用户浏览或检索相关信息；利用互联网上的各类网站和搜索引擎按学科或专题进行搜集、下载、筛选、分析、重组、整合以建立专题数据库，然后向特定的用户提供服务。用户可以通过自己的语言不断地与系统进行交互，逐步缩小搜索目标，获取自己所需要的文献资料。

（5）服务中心的转变。这一转变主要体现为图书馆管理上的人性化转变，即图书馆在注重信息服务的同时，开始注重人文环境的建设。信息服务方面，在提供传统图书借阅服务的同时，重点加强网络建设，突破图书馆的时空限制，延长服务时间，拓展服务空间，为各类读者获取信息提供快捷、方便的服务；加强信息的收集、加工、组织，提高网络馆藏信息的数量和质量，为读者提供充分、有价值的信息资源。人文环境建设方面，图书馆应有效利用数字化和网络化技术，减少图书馆的馆藏空间，而相对扩大读者的学习空间，创建舒适的学习环境，提供资料检索、查找、复印、装订等自助式快捷服务，同时建立读者与图书馆的有机联系，使读者特别是学生离不开图书馆。例如，澳大利亚的墨尔本大学，把学生证与借书证一体化，同时在入学时由图书馆为每个学生注册一个校园电子信箱，为学生提供在图书馆借阅图书的信息，学生还可以通过电子信箱预约图书。

（6）服务态度的主动化。服务是图书馆的基本宗旨，是图书馆的核心功能。网络环境下的图书馆服务已经由传统的被动型服务向主动型服务转变，这种转变已经发展成为现代图书馆的主要特征之一。这种转变趋势主要表现在三个方面：一是图书馆的服务方式由信息储藏向信息加工和传递转变，使图书馆成为读者获取最新信息和知识的来源；二是主动为科研服务，使图书馆成为新学科、新领域、新课题、新动态、新技术成果的跟踪者和信息提供者，发挥信息的时效性，为读者特别是科研人员提供及时、准确的服务；三是主动参与市场竞争，图书馆要发挥自身的信息优势，改变被动服务方式，树立市场观念，主动参与市场竞争，根据市场需求，为社会提供各种信息服务。

（7）印刷文献与电子文献并存。带光盘图书现已成为许多图书馆在阅览和外借时需要探索的读者服务新问题，一些图书馆已在实践中总结了一些好的做法，如外借时带光盘图书单独处理等。在北大方正较为妥善地解决了电子版图书的知识产权后，其所提供的数以万计的图书正在逐渐成为一些图书馆的服务内容。上海图书馆在"读书月"中开展了主题为"引领网络环境下的学习"的系列活动，其中就包括方正三万册电子图书的线上借阅服务。在一周时间内，吸引了上百万的点击率，2500 张电子图书码数天之内便登记一空，表现出了广大读者对电子图书的热情。而美国 OCLC 所提供的 NETLI-BRARY 西文电子图书经过上海中心图书馆和西安交大图书馆等 12 家机构的联合采集后，总共 4000 种左右的外文图书也向读者开通使用。这些信息，都反映出在现代图书馆服务中文献载体已是印刷型与电子型并驾齐驱。

（8）阵地服务与网络服务并存。在基于传统阵地服务的同时，当下几乎稍有规模的图书馆都有了自己的网站，清华大学图书馆、上海图书馆、中山图书馆等都先后开展了网络参考咨询工作，国家图书馆和上海图书馆的线上文献传递工作也与日俱增。而线上借阅、线上讲座、线上咨询、线上文献提供、线上读者信箱等，已经成为现代图书馆生长着的有机体中的一个不可或缺的组成部分，它连接着被认为是"图书馆三大要素"的藏书、读者和工作人员，从而使网络服务与传统阵地服务互为补充、等量齐观，且已经表现出其无限的生命力。

（9）突破时间和空间的限制。服务时间的限制、服务空间的限制一直是读者服务不能实现方便读者的跨越式发展的两大障碍。而借助于信息技术的支撑，图书馆已可以向读者提供 24 小时的"全天候"服务，服务的触角也已延伸至全国甚至世界各个国家和地区。读者与图书馆馆员之间从来没有像今天这样"天涯若比邻"，虽远隔千山万水，但如同近在咫尺，即时的咨询问答等服务方式使远距离的感觉不复存在。人们已经可以通过图书馆来实现这样的服务愿景——即任何读者在任何时间、任何地点可以利用任何馆藏——与任何参考馆员联系，进行他所希望的个性服务。

（10）资源无限带来服务无限。当数字化的技术将传统介质的文献转化为数字信息，在网络通信技术的帮助下使全世界各图书馆以及其他机构的数字信息连为一体时，人们真正感受到了资源的无限以及由此而产生的图书馆读者服务的无限广阔空间。一些馆藏并不丰富，但善于利用社会各类信息资源的图书馆在近年来做出了惊人的成就，使其对馆藏数量及建筑面积的追求开始发生改变，让资源共享的理念更加深入人心。

（11）功能拓展带来服务延伸。当代图书馆的发展在其原有的文献典藏、知识交流、文化教育以及智力开发功能的基础上，其文化中心、信息枢纽的功能开始显现，虽然这些功能与原有的功能可能有重合的部分，但这些功能却显示出其强大的生命力，使图书馆的读者服务不断得到延伸，服务空间不断得到拓展，服务平台不断得到扩大。以讲座为例，国家图书馆的部级领导干部历史文化讲座、上海图书馆大型宏观信息讲座等都是将服务的触角延伸到了社会，在发挥图书馆作为市民的终身学校作用方面显示出了勃勃生机。

（12）个性化服务的需求越来越突出。目前，越来越多的读者群体在服务上提出了个性化的需求。而网络技术的发展为自助性的读者服务提供了许多途径和服务内容，而在这样的服务过程中，读者的自主性得到张扬，个性化得到满足。

（13）便捷服务的要求越来越高。方便快捷是广大读者对图书馆服务的基本要求。信息化时代最重要的就是速度。为读者节约时间已成为一种服务理念，例如有的图书馆为读者提供的限时服务，尽可能地缩短读者在借阅中的等候时间。许多图书馆向读者主动提供了个性化的、快速的、高质量的、标准化和规范化的服务，特别是在第一时间提供最新的各类文献和信息；同时，在读者导引、空间布局、文献提供、线上咨询等图书馆服务的每一个环节和业务中体现出了效率与质量。

第三节　图书馆服务的理念解读

所谓"服务理念"其实就是一种无形的服务产品，它同其他有形的产品一样，也强调产品要能够满足不同的消费者需求。消费者需求在有形产品中可以转化为具体的产品特征和规格。同时这些产品特征和规格也是产品生产、产品完善和产品营销的基础，但是这些特征和规格对于无形的服务产品来说就犹如空中楼阁。

一、图书馆服务理念的界定

理念即一种理想和信念，是为追求和实现某一目标而奋斗的思想信念。服务理念是人们从事一切服务活动的主导思想，是服务活动的核心和灵魂所在，是体现服务价值的基础，是规范服务活动的准则，同时也是人们对服务活动的理性认识。它包括服务宗旨、服务原则、服务目标、服务方针、服务精神、服务使命、服务政策等。服务理念还具有前瞻性、继承性、传播性、公开性、一贯独特性、顾客导向性、挑战竞争性和深刻性等特征。

图书馆理念往往是对优秀图书馆人的经验特别是其成功经验的高度概括和系统化整理；图书馆理念是图书馆人言行的指南，它约束着图书馆人不做出与之不符的行为，指导着图书馆人去做与之相符的事情。先进的图书馆理念能有效地推进图书馆的改革与发展，图书馆理念在某种程度上也是一种创意或是新的观点。不论是寻求理念的过程还是它确立后的行为，都能引导人们破旧立新。图书馆理念是图书馆观点和图书馆经验的浓缩和代表，也是一种图书馆理论与思想的代表。

图书馆服务理念指图书馆围绕读者服务工作的基本方针，是一个图书馆的办馆宗旨、原则、目标，是图书馆的服务方式、服务内容、服务态度的体现，是图书馆一切服务工作的指导思想、理论基础、前进方向和行动准则，它代表着一个图书馆的服务形象，是图书馆形象的关键所在，是图书馆工作的核心，更是图书馆的标志。它告诉了读者"图书馆是什么""图书馆服务依据是什么""在图书馆能获得什么"。它可以体现出该馆的发展观、质量观和人才观，可以衡量出一个图书馆的办馆水平。

从藏书楼到图书馆再到数字图书馆，经历了漫长的发展历程，随着计算机技术、信息技术、网络技术在图书馆的应用，使得图书馆的职能、服务方式等发生了重大变化，让传统图书馆基本摆脱了手工操作方式，逐步走向管理自动化、信息资源数字化、服务网络化的新模式，传统图书馆正在向数字图书馆迈进，可以说，信息技术的应用为图书馆创造了一个全新的、更高层次的生存环境和发展空间，然而，从本质上说，它并没有改变图书馆的根本属性——服务，服务是图书馆的天职，是图书馆的生存之本。

新技术的应用无疑给图书馆的传统理念带来了挑战，这就决定了图书馆服务理念作为图书馆无形的服务新产品也必将经历变革和洗礼。在图书馆还是"藏书楼"时期，"重藏轻用"便是办馆理念，后来，图书馆逐渐成为人类知识的传播者，甚至具有其他机构无法替代的作用和优势，做好"为人找书，为书找人"就是最大的价值体现和终极目标。然而，信息产业的飞速发展早已打破了图书馆的信息垄断地位和一切优势，我们不得不站在知识经济的高度和图书馆生存发展的高度，重新思考。

二、图书馆服务理念的作用体现

第一，促进图书馆服务有形化。图书馆作为一个服务组织，其服务理念一般都包含有两种：一种是"外显"形式，通常我们所说的以文字或是符号信息所显示出的有形化信息，诸如"用户至上，服务第一""一切为了读者"等，它是图书馆服务活动的导向依据。另一种是"内隐"形式，它存在于服务人员内心深处，是人自身的、内在的、未显形化的一种思想意识。这种内隐的思想意识只有通过外显的有形化自信引导，才能成为一种自觉意识并外显出来。图书馆要想搞好服务工作、提高服务效益，光靠外显的服务理念是不够的，必须将人内在的、未显形化的内隐服务理念变成一种自觉的、外显的服务理念，只有将这两种服务理念相结合，才能更好地为用户提供服务。

第二，促进图书馆服务特色化。什么样的服务理念造就什么样的服务特色。从古至今，"服务至上"是图书馆界一直履行服务的理念。当前许多图书馆将"读者至上，服务第一"作为该馆的服务理念，但这类大众化的服务理念体现不出该馆的服务特色。不同的服务理念体现出不同的服务特色，造就出了不同层次的图书馆。如深圳图书馆"开放、平等、免费"的服务理念，深圳南山图书馆"关爱、无限、完美、超值"的服务理念，山东图书馆坚持的"一切为了读者"的指导思想，河南图书馆"读者至上、服务第一、敬业爱岗、创新务实"的服务理念，都具有一定的特色，给读者留下深刻印象。这些不同的服务理念对图书馆工作产生了纲领性的指导作用。

第三，激发员工的积极性和创造力。图书馆随着社会文明和技术进步已形成了多层次的服务理念，这些服务理念也不再是一个单纯的口号，而是社会竞争的准则。先进的服务理念，必然会形成生机和活力，必然会激发馆员的积极性和创造力，要求服务人员从多角度出发、从用户的需求出发，使图书馆在激烈的竞争中，用更优秀的服务来最大限度地满足用户多元化的信息需求，从而大大激发了图书馆馆员的潜在活力。人的创造力来源于自身的理想和信念，来源于自己对事业的热爱和追求，来源于行业理念，图书馆馆员在图书馆服务理念的指引下才会充分发挥自己的聪明才智，不断地创新、开拓、提高服务质量。

第四，引领服务行为，体现价值取向。图书馆服务理念主要是用来指导服务行为的，它对内外公开，让用户对图书馆有更多的认识和了解，它不但能引导用户对服务人员的服务进行监督，而且还能统一服务人员的服务思想和行为，以此来规范服务人员的服务态度。图书馆馆员在服务理念的引领下，形成乐观、向上、积极进取的人生观、价值观。自觉热爱图书馆事业，以满足用户需求为荣，将热忱服务作为自己一生最大的价值体现。

第五，增强图书馆可持续发展的核心竞争力。现代社会，各行各业都在着力打造自身的核心竞争力，在网络环境下，图书馆早已失去了信息垄断地位，图书馆也面临着严峻的挑战和竞争。20 世纪时甚至出现了"图书馆消亡"论，如何实现可持续发展，如何增强其核心竞争力就显得尤为重要和迫切。服务理念影响和决定着图书馆人的思想高度，指导着图书馆制定发展规划和战略目标，而发展规划和战略目标往往决定着图书馆的核心竞争力。

三、现代图书馆服务理念的多元化

随着时代的发展和新技术在图书馆中的应用，以及用户对图书馆需求的多元化，现代图书馆就应有新的服务理念来指导图书馆的服务工作，以服务为宗旨发挥图书馆的各项职能，全面促进图书馆事业的发展进步。有专家指出，衡量一个图书馆的影响力，不能仅仅参考建筑面积、藏书量等指标，更重要的是该馆的服务理念。因为服务理念决定着服务质量，决定着图书馆的建设规模、发展方向，是当代图书馆发展的主流方向和必然趋势。

（一）"以人为本"

"以人为本"理念是人文思想的产物。人文思想的起源可以追溯到古罗马的西塞罗，演变到中世纪以后逐渐成为一种精神，一种使人更富于人道的精神，体现为一种价值观或思想态度，它认为：人与人的价值是首要的，凡是尊重人、重视人、承认人的自由意志，为人类幸福而奋斗的态度，都可以说是体现了人文精神。

在网络化、信息化、数字化的背景下，树立"以人为本"的服务理念，对于推动图书馆事业的全面发展、拓展图书馆服务领域、提高图书馆服务质量都有着重要的意义和作用。

以人为本就是要把人民的利益作为一切工作的出发点和落脚点，把人民群众作为推动历史前进的主体，不断满足人的多方面需要和实现人的全面发展。以人为本具有十分丰富的内涵，它包含了人的需要、人的和谐生活、人的平等自由等内容。以人为本的理念是人类社会和历史发展永远不可逾越的最根本规律。因此，以人为本应成为现代图书馆的服务理念。

图书馆作为服务机构，它的服务对象是广大读者、用户，以人为本的服务理念将贯穿图书馆的全部工作。服务用户，方便用户，为用户提供快捷、高速的信息服务，满足读者的需求，是图书馆服务的出发点和归宿点。应以"读者是否满意"作为衡量和检验图书馆服务工作的主要标准之一，提高读者满意度，并将其作为读者服务工作的品质目标。

现代图书馆之所以要树立"以人为本"的服务理念，究其原因归结起来有以下几方面：

第一，科技发展的必然。从工业社会到信息社会再到知识经济时代，知识无所不包，可以说经济渗入知识，知识渗入经济，当然也融入了现代图书馆，如果现代图书馆依然使用传统的服务模式，显然与时代潮流不符，这就必然促使图书馆从服务观念到服务模式进行变革与创新。

第二，市场经济模式的影响。实践使我们清楚地看到，"市场化"是一股不可抗拒的力量，而且带来了积极的、巨大的影响，如竞争机制的建立。企业家要保持其在市场上的竞争力，就必须时时在经营运作上瞄准市场的变化，制定赢利的策略，提高抗风险的能力，特别是要建立以消费者为导向的机制，为消费者提供最周到、便利、满意的优质服务。这是我们看到的企业家们重视服务策略、以消费者为中心的兴业之道，这对图书馆乃至各行业采取以服务为利器，面向广大读者和大众的方略，既树立了榜样，也起到了很好的借鉴作用。

第三，图书馆发展的趋势。就图书馆本身而言，也理应高度重视服务。这是因为图书馆的发展日新月异，实现了电子化，在取得了数字化、网络化成就后，如何转化为造福社会大众的财富？如何转化为推动社会生产力的发展？成为图书馆人必须思考、不可回避的问题。图书馆历来靠资源的优势求发展，赢得竞争能力，但这往往是不够的，还要依靠自己的特色、相关行业不能企及的服务创新与服务优势来发展，以提高自身的竞争力。因此，图书馆必须重视其服务理念。

基于以上诸多因素，现代图书馆在现在和未来的开拓和发展中，应高度重视服务理念的创新和服务品质的升华，做好服务。在现代图书馆发展中，我们既要注重技术化发展，同时，应当强调技术中人的主体性。事实上，人文主义精神应当是图书馆发展的内核和终极目标。也可以说，图书馆应当培育内在的人文精神，图书馆的服务理念要以人为本。要使传统的以信息、知识、藏书等为核心，转向以"人"为核心，以满足广大读者的需要为宗旨。

（二）多元化和多样化服务

随着科学技术发展的同时，用户获取知识和信息的途径也越来越广泛，读者的阅读方式和内容均呈现出多元化和多样化。除了传统的纸质阅读外，还要直观地、形象地从 VCD、DVD、广播、电视、音响、视频资源、网络和其他各类图像传播载体中获取信息，这些载体既能跟上现代生活的节奏和潮流，而且还能使读者通过欣赏、休闲、放松等方式来获得所需信息，从而缓解生活的压力。所以在多媒体和网络时代，在各类阅读形式逐步扩大的同时，图书馆应加大各类信息资源的建设工作，促进图书馆为读者提供更多的阅读选择，同时也为读者提供更多的服务。在服务时间和空间上从有限变无限，服务方式上从单一变多样，使图书馆呈现出多元化的发展前景。

（三）竞争服务理念和协作服务

图书馆作为人类知识信息的传播和服务机构，随着报纸、期刊、广播、电视、网络、信息咨询机构、书店及其他相关服务组织机构的普及和发展，特别是网络信息资源的巨大冲击，其生存面临着重大的挑战和竞争。

在上述竞争机构中，报刊、网络和书店与图书馆的竞争较为明显。而随着现代通信技术、网络技术等高新技术的发展和普及，人们的阅读方式也发生了改变，逐步向网络迈进，网络不受时间和空间的限制，能够使用户快速获得所需的信息，为用户节省了大量获取信息的时间，人们对信息需求的第一获取途径也不再是图书馆了。另外，各类书店及读书组织所提供的购书和阅读环境得到了前所未有的改变，纷纷采取了多种方式为人们提供人性、方便、灵活的服务，深受读者欢迎，更加广泛地吸引了读者。

面对挑战和竞争，图书馆应该充分利用自身的资源优势，在服务工作中转变观念，变被动为主动，强化竞争意识，进一步做好信息的开发、搜集、检索、分析、组织、存取、传递等工作，加快网络化和数字化建设步伐，提高馆员的素质和业务水平，以及服务质量，确保图书馆在竞争中处于不败之地。

在丰富多彩的网络环境下，文献信息资源的种类和数量大幅增长，用户对信息资源的需求也呈多样化状态，而任何一个图书馆不可能收集当今社会的所有资源，更不可能满足用户的全部信息需求。这就要求图书馆界要树立协作意识，只有通过各服务机构的相互协作，才能促进资源共享，使不同服务机构间的资源优势互补，降低资源采购和运营成本，提升协作服务机构的相关技术水平和服务人员的综合素质，节约大量的人力物力，以此提高协作服务机构的整体效益。只有通过协作，其服务形式才能更加灵活多样，更加丰富多彩，才能提高各图书馆的服务水平和能力，才能提高其满足读者需求的能力。

（四）特色服务和个性化服务

特色服务和个性化服务是图书馆在常规服务实践中总结和发展起来的，往往表现出"人无我有，人有我优"，或是在某一方面表现出其他图书馆所不及的特征。特色服务和个性化服务无论从服务对象、服务内容或是服务方式上均是从读者出发，处处体现出"一切为了读者，为了一切读者"的宗旨。现代图书馆在社会需求多元化的环境下，应利用丰富的网络数字资源和馆藏文献资源的优势，开发特色服务和个性化服务，让图书馆成为点亮文明的星星之火，给图书馆事业注入新活力，以便在现代激烈的社会竞争中占据一定优势。

（五）3A 服务理念

3A 服务理念即 Anytime（何时）、Anywhere（何地）、Anyway（何种方式）。3A 服务理念主要体现在无论读者在任何时候、任何地方、通过任何方式都能方便快捷地得到图书馆提供的准确、高效的信息服务。也就是说图书馆能以最快的方式将用户最需要的知识信息传递给最需要的人，使信息最大限度地传播和共享。

（六）信息无障碍服务

每个人都有平等获取知识和信息的权利，而信息无障碍服务主要体现在为残疾群体服务，如何使残疾群体感受到社会给予的关怀，使他们鼓起信心和勇气面对生活，是社会各信息服务机构应尽的职责。要想使残疾用户能与正常人一样获取图书馆提供的丰富信息资源，图书馆就必须提供多样化的服务设施与形式。首先是必不可少的信息无障碍服务理念，其次是理念指导下的服务行动实践。诸如：图书馆的建筑、服务通道、服务设备、服务方式、服务内容等，都得符合残疾用户的需求。

（七）创新服务理念

图书馆的服务理念与服务实践并非一成不变，服务管理者与工作者应随时随地对服务效果进行跟踪调查，对读者反馈的信息进行分析研究，取长补短，根据读者的需求提供相应服务。这不仅可以提高工作质量和效益，而且还可以提高图书馆的社会价值。图书馆的服务理念应随着发展不断创新，并在创新中不断前进。

第四节　图书馆服务的内容和方式

一、图书馆服务的内容

（一）图书馆服务内容的形态变化

图书馆作为文化浇铸的社会记忆装置，其服务内容与方式的发展演化与信息技术、社会文化、用户行为模式的变化等密切相关。图书馆发生作用的界线是由文化和构成文化的各种机制规定的。

纵观历史，图书馆的服务与方式大体经历了以下五种形态，并在整体上呈现出阶梯形式，其中的每一个较高层次都源于较低层次，但呈现出优于较低层次的新的特征。

1. 文献实体服务

考古发现，约公元前三千年，在两河流域的古巴比伦王朝的一座寺庙废墟附近，有大批泥板文献被集中在一起，成为已知最早的图书馆。直到近代印刷革命和产业革命之前，古代图书馆中，无论是西方的尼尼微皇宫图书馆、亚历山大图书馆、欧洲中世纪的寺院图书馆，还是中国殷商时期的窖藏甲骨、周代的守藏室、隋唐的书院，在整体上都表现出对社会的封闭性，由此便决定了古代图书馆以文献实体服务为特色的服务内容与方式。

2. 书目信息服务

书目的根本特点是在于它组织的不是信息资料本身，而仅仅是关于他们的信息。人们对文献实体分离出来关于文献的信息，并为克服文献与需求者的矛盾以达到统一记录和组织这些文献信息的活动，是一切书目活动的出发点，而提供书目信息服务则是书目活动的目的和归宿。

在我国，由于纸质载体和印刷技术的发明，古代文献卷帙浩繁，书目信息工作由来已久。在西方，书目信息服务大体上与近代图书馆的发展同步，西方近代图书馆起源于文艺复兴，欧洲进入资本主义社会后，大机器生产需要有文化的工人，教育开始普及至平民阶层，文献生产能力大大提高。从而使一些图书馆开始向社会开放。

与此同时，除了传统的文献实体服务外，各种书目信息工作、服务和管理在图书馆中活跃起来，尤其是分类目录、卡片目录、各种二次文献信息产品的开发，新到书刊目录报道、推荐书目服务以及相关的书目控制、书目情报系统建设等逐步成为图书馆活动和服务的中心工作。

3. 参考咨询服务

参考咨询是指图书馆馆员对用户利用文献和寻求知识、信息时提供帮助的活动，它是以协助检索、解答咨询和专题文献报道等方式向读者提供事实、数据和文献检索。参考咨询更加强调图书馆的情报职能，更为注重用户的信息需求，它将书目信息服务提升为不仅为用户提供书目工具，而且还要解决实际问题。

一般认为，比较正规的参考咨询服务是 19 世纪下半叶最早在美国公共图书馆和大专院校图书馆开展起来的。1876 年，伍斯特公共图书馆馆长 S. 格林在向美国图书馆协会第一次大会提交的《图书馆馆员与读者之间的个人关系》一文中提出，图书馆对要求获取情报资料的读者应给予个别帮助。此文被视为关于图书馆开展参考咨询服务的最早倡议。1891 年，图书馆学文献中出现了"参考工作"这一术语，此后参考咨询服务理论逐渐被图书馆界接受和应用[①]。

20 世纪初，多数大型图书馆成立了参考咨询部门，并逐渐成为图书馆服务中的一项重要内容。随着文献信息的激增和用户需求的增长，由早期利用图书馆、利用书目来解答问题等服务内容逐渐发展到从多种文献信息源中查找、分析、评价和重新组织情报资料，到 20 世纪 40 年代，又进一步开展了包括回答事实性咨询、编制书目、文摘，进行专题文献检索，提供文献代译和综述

---

① 袁明伦. 现代图书馆服务［M］. 成都：四川大学出版社，2013：20.

等服务项目。(参考咨询服务的相关内容详见第四章)

4. 信息检索服务

20世纪中后期，西方工业国家的科技发展使信息处理问题凸现，尤其是以德国、英国、美国和苏联为主的一些国家积累了大量的需要处理并可以利用的科技文献资料和科研成果，计算机问世并被应用于文献加工领域，新学术思想活跃以及新的学科不断诞生。与此同时，一些图书馆开始利用计算机和现代通信技术建成各种文献数据库、数值数据库和事实数据库，并逐步实现了联机检索，使参考咨询服务中的部分工作自动化；另一方面，参考咨询工作的流程，即接受咨询、进行查询、提供答案、建立咨询档案等，也为信息检索服务的方法和策略提供一种框架。这些都使得信息检索服务方式呼之欲出。

1945年，美国科学家 V. 布什在《诚若所思》(《As we may think》) 一文中首次提出了机械化检索文献缩微品的设想；1948年 CN. 莫尔斯提出了信息检索的概念和思想；英国文献学家 S. C. 布拉德福于1948年发表了《文献工作内容的改进和扩展》一文，强调了自19世纪90年代以来蓬勃发展的文献工作到20世纪40年代所面临的必须革新的局面。这些都铸成了图书馆文献服务内容与方式从以文献实体或文献信息为主体向以信息资源为核心的历史性转移。

至此之后，图书馆工作中的许多工作，诸如信息收集、信息组织、检索语言的编制、用户需求的调研等都开始以信息检索服务为中心开展起来。从20世纪50年代开始，美国人 M. 陶伯、A. 肯特、H. P. 卢恩发明的题内和题外关键词索引等，英国的布拉德福和 B. C. 维克利对文献分布、R. A. 费尔桑对分类检索，

C. W. 克莱弗登对检索系统性能的评价问题等都分别做了研究。

尤其是 20 世纪 90 年代，各种计算机检索系统都迅猛地发展起来。如美国国家航天和航空局的 RECON 信息检索系统、美国国立医学图书馆的 MEDLARS、洛克希德公司的 DIALOG、系统发展公司的 ORBIT 以及书目检索服务社（BRS）的联机检索系统等都相继投入使用。

随着检索的智能化、数据挖掘、知识发现的发展，以及各类信息咨询和信息调查机构的兴起，全文本、多媒体、多原理和自动化等新型检索方式将会取得长足的进步，信息检索服务将演变成图书馆网络化知识服务的基础和手段。

5. 网络化知识服务

网络化知识服务是与信息资源的网络化和知识经济、技术创新的社会背景息息相关的，也是信息检索服务发展的必然结果。从 20 世纪 90 年代之后，随着网络技术的发展和普及，图书馆的数字化、信息资源的网络化、信息系统的虚拟化，以及各种非公益性的信息机构将包括文献信息检索、传递在内的信息服务，直接提供给最终用户，导致信息交流体系和信息服务市场的重组，图书馆对信息服务的垄断地位也不复存在。这些都促使图书馆必须迅速调整，并充实服务的内容和策略，重新定位其核心竞争能力，使现有的以信息检索为核心的服务方式向网络化知识服务方式转变，以保证其在数字化、网络化环境中的社会贡献、用户来源和市场地位。

网络化知识服务是图书馆信息服务的高级阶段，是一种基于网络平台和各类信息资源（馆藏物理资源和网络虚拟资源），是以用户需求目标驱动的、面向知识内容的、融入用户决策过程中并帮助用户找到或形成问题解决方案的增值服务。网络化的知识服务具有个性化、专业化、决策性、整合性和全球化等特征，基本上属于单向或多向主动型服务。

6. 泛在知识环境下的泛在化服务

近年来，泛在图书馆理论和泛在图书馆应用的思想在国内外图书馆界极其活跃，已成为专家、学者们关注和研究的热点。泛在图书馆给出了数字图书馆新的内涵和定义，泛在知识环境带来了数字图书馆服务环境和用户需求的变革，也改变了数字图书馆的研究方向。

"泛在"从字面上讲就是广泛的存在，英语词汇为：ubiquitous，意思是"无所不在、广泛存在"。在 2003 年的"后数字图书馆的未来"研讨会上，有学者提出了数字图书馆要协同 NSF/ACP 知识基础设施建设并要创建泛在知识环境。在会后发表的研究报告《Knowledge Lost in Information》中，将数字图书馆的未来描述为构建"泛在知识环境"①。虽然到目前为止，国内外学者并未建立起一个清晰的"泛在图书馆"概念体系，但对"泛在知识环境"给出了较为明确的概念，就是要构建多语种、多媒体、多格式、多形态、移动的、语义的数字图书馆知识网来检索人类知识，使信息服务将更加实质性地转向知识服务。

(二) 图书馆服务内容的划分

图书馆服务和一般服务行业有许多相同之处，比如，其服务口号都是"服务至上""一切为了顾客（读者）"，都要与不同类型的人面对面地打交道，都存在着服务态度、服务质量及在服

---

① 袁明伦. 现代图书馆服务 [M]. 成都：四川大学出版社，2013：21.

务过程中化解冲突。然而，图书馆服务又的确有着自己独特的服务内容。

参考一般服务行业的观点，从图书馆服务角度将图书馆服务内容划分为三个层面：职能服务、心理服务和管理服务（如图1-1）。

图 1-1　图书馆服务内容划分

1. 职能服务

职能服务是某一服务行业或部门的特有服务，是区别于其他行业或部门的独特功能。比如，饭店的职能服务是让顾客吃饱吃好，理发店的职能服务是理发、美发。而图书馆的职能服务就是让读者获得所需要的文献信息，并能够在安静舒适的环境里阅读、学习和研究。图书馆功能服务，按其服务中所依托的重点不同可分为依托文献资源开展的服务、依托人才资源开展的服务和依托建筑设备开展的服务。

2. 心理服务

任何一个服务行业都存在心理服务的问题。随着社会发展，人们的温饱、物质需求得到基本满足后，心理的、精神的服务便成为一种需求。因而，许多行业都把心理服务放到了服务内容之中，心理服务是在人与人之间的服务交往中实现的。当一个读者向工作人员查询一本书或一条信息时，能不能查询得到属于功能服务的问题，而是否主动热情、有礼貌，是否让读者感到受到尊重而高兴满意则是心理服务的问题。心理服务在图书馆服务中，有着不容忽视的作用，它体现了图书馆的精神面貌和员工的思想素质，是来馆读者是否满意而归的基本保证。我们知道，来馆读者查询到所需图书，也并不一定满意，甚至很可能对我们的态度意见。反之，读者如果没查阅到所需图书，只要我们的心理服务到位，对读者做了耐心细致的解释，并向读者表示歉意，读者同样可以表示理解，满意而归。

3. 管理服务

管理服务有着两个方面的含义：一方面，图书馆有着庞大的读者队伍，读者的文化水平、思想素养各不相同，图书馆要制定相关措施来规范读者的行为，以确保图书馆的馆藏资源、设施设备有效使用。另一方面，图书馆员工队伍知识水平、职业素养等也参差不齐，为了保证图书馆各项工作科学有序地开展，图书馆的各项服务都要到位落实、保质保量，图书馆需要制定一系列的管理制度并以此约束员工行为。两种管理都是从维护广大读者的利益出发的服务行为，因而可以称其为管理服务。

二、图书馆服务的类型与方式

图书馆服务的类型与方式如图 1-2 所示。

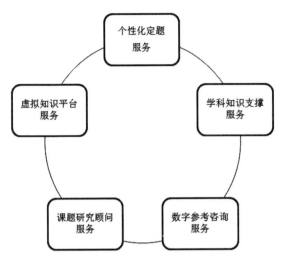

图 1-2　图书馆服务的类型与方式

（一）个性化定题服务

　　网络化知识服务首先是一种个性化的服务，它是针对某一具体问题，按照不同客户的主题需要进行的个性化应用服务。个性化定题服务就是在全面客观地分析用户的信息需求后，通过信息挖掘、知识发现、智能代理等技术，对各种信息资源进行过滤，得到用户所需要的、个性化的信息资源精品，并利用电子邮件、频道推送或建立用户个人网页等方式传送给用户。这种方式强调按用户需要量身定制和跟踪服务，服务过程则根据具体用户的喜好和特点来展开，具体包括定期向用户提供新到文献通报、定题选报、定题资料摘编、定题检索等多种服务方式和方法。目前国外开展的 My Library、My Gateway、My Link、My Update 等，得到了美国图书馆和信息技术协会（LITA）的推崇，认为这种服务是最值得关注的趋势，并提出"图书馆用户是正在成长的网络用户群体，他们期待着个性化、交互性和客户支持服务，以图书馆非用户为中心的方法和手段将越来越无关紧要"。

（二）学科知识支撑服务

这种方式是将精心选择和管理的学科知识库或知识单元、学科资源导航、专业化的检索工具（如专门的专业搜索引擎）、学科论坛、专业研究和会议动态、专题文献报道等集成在一个界面中。这样，一方面通过提供前台服务及时与学科专家进行沟通，另一方面能够集中力量开展重点学科的信息资源建设。同时，独立的组织建制和学科馆员制度还能够使图书馆建立起与特定服务对象的长期服务关系，从而提供更为具体的连续性服务。

实践表明，图书馆尤其是高校图书馆，应当积极主动地参与重点学科建设，这既是促进其自身建设发展的需要，也是办出特色、创建品牌形象的需要。图书馆如果积极参与重点学科建设，其自身的定位就得到了保证。通常来说，重点学科的建设一般都有多级专项经费做保障。因此，如何确立重点学科藏书范围、建立重点学科数据库和知识导航系统等将成为许多图书馆的一项重要任务。

（三）数字参考咨询服务

开展数字参考咨询服务（Digital Reference Service），为科学研究和管理决策提供知识辅助是现代图书馆服务不可或缺的重要组成部分。随着网络咨询业的兴起与发展，已有许多图书馆，如美国国会图书馆、中国国家图书馆、北京大学图书馆、清华大学图书馆等，纷纷开展了诸如电子邮件咨询、电话咨询、在线实时问答咨询等工作。其中，由 OCLC 和美国国会图书馆联合开发的 Question2Point 是目前最具代表性的合作虚拟数字参考咨询服务系统。该系统可以在网络环境下，通过与图书馆主页简单链接的方式提供多功能参考咨询界面，用户和馆员可以利用电子表单、邮件交互、在线聊天等方式进行咨询，对于本馆无法回答的问题，可以根据本地区合作组的情况，将问题转交给合作组中的其他成员馆回答，还可以将无法回答的问题提交给全球参考网络，通过全球参考网络中的请示管理器（Request Manager）将问题发送到最合适的图书馆。

（四）课题研究顾问服务

这是一种根据用户科学研究的课题（项目）需要、依靠临时团队提供知识服务的图书馆服务方式，即针对特定任务组织的研究团队和相关资源开展服务工作。这种模式最早是以顾问公司、诊断公司的形式存在和发展。其特点是柔性的组织机制、嵌入式的服务方式和专家的广泛引入。

随着社会用户尤其是科研用户对知识资源、知识创新、专项科学研究等需求的提升，图书馆必须借鉴咨询公司、情报机构的服务方法，根据用户课题研究的需要，建立人员更加专业、分工更加有效的顾问式小组或团队，甚至可以从馆外聘请相关的专家教授，为课题委托方提供全面的查新服务、社会调研服务、知识发现和增值服务等。换言之，这种方式关注和强调的是利用专家知识和馆藏资源（包括网络资源），通过深度加工形成创新型知识服务产品，如课题研究文献综述或研究报告为用户解决他们自己不易解决的问题，最终达到制定决策方案、完成研究课题、实现知识创新的目的。

（五）虚拟知识平台服务

图书馆的数字化和网络化，将会产生"网络就是图书馆"的现实，置身于网络之中的用户，就如同置身于无比巨大的图书馆中，众多线上数字图书馆的数字馆藏构成一个无处不在的逻辑知识库，用户接触到的是用户界面及知识本身，而不关心收藏信息或知识的物理场所。因此，图书馆的物理形态将虚拟化，形成所谓的虚拟图书馆。

虚拟知识平台要求资源全面整合，这些资源包括图书馆内外的人才资源、藏书资源和网络资源。只有这样才能扩大图书馆的职能，将终身教育、远程教育、用户信息素质教育等新理念带入现代的图书馆中。例如，美国特拉华大学图书馆设立的"虚拟图书馆用户培训家庭教师"、康奈尔大学图书馆研制的"用户培训计算机辅助教学"等都使图书馆真正成为用户的学习平台和知识殿堂。

作为一个知识平台，图书馆可以采用网上超市的运作方式和服务策略，将知识资源的采购、加工、管理、服务等有机地结合起来，接受网络用户的监督和评价，真正从用户需求出发，实现图书馆服务公正、公开、公平的"一站式"系统服务。目前，我国的科学院系统图书馆、高校系统图书馆都在努力打造虚拟的知识大平台，为用户提供包括中国知网、万方数据等在内的各种知识资源，并接受用户的监督和评价。

第二章　现代图书馆服务组织与资源

新时代下，图书馆服务工作的组织与以往有所不同。为求图书馆服务工作不断向前发展，必须对有关的组织与管理方式进行变革，由传统面向业务流程的组织转向面向具体任务服务的组织，并随着服务工作的发展而不断变换，随时发挥出组织运转的最大效率。本章内容包括图书馆服务组织及其发展、图书馆服务组织文化的设计与塑造、图书馆服务资源建设与共享。

第一节　图书馆服务组织及其发展

一、图书馆服务组织的设置

（一）图书馆组织机构的设置依据

图书馆组织和其他的社会组织一样，其组织结构根据环境的变化而产生相应的变化。在图书馆管理工作中，组织机构的设置是十分重要的环节。根据图书馆业务及管理工作的需要，在通常情况下其部门机构的设置依据有：

（1）按照工作流程。根据图书馆收集、加工、管理等工作的基本流程与基本职能设置图书馆各部门，以充分发挥各职能部门的工作积极性，如采访部、编目部、典藏部、特藏部、流通部、阅览部、参考咨询部等部门的设置。

（2）按照工作任务与性质。根据图书馆工作任务的分工与工作性质进行图书馆机构的设置，如行政管理办公室、业务管理办公室、财务管理办公室、人事管理办公室等。

（3）按照学科内容。根据学科知识体系的内容建立图书馆的各种服务部门，将同一学科内容的文献信息集中在一起，方便读者使用，如社会科学阅览室、自然科学阅览室、人文科学阅览室等部门的设置。

（4）按照文献载体形态。根据文献信息的载体形态设置图书馆服务机构，如期刊文献服务部、视听文献服务部、善本书服务部、电子文献服务部、地图文献服务部等部门的设置。

（5）按照读者范围。图书馆服务对象的特征和特定需要设置不同的服务部门，如少年儿童阅览室、科技读者阅览室、教师阅览室、学生阅览室、残疾读者阅览室等服务部门的设置。

（6）按照文献收藏的语种范围。根据图书馆收藏文献信息的主要语种设置相应部门，如中文文献部、英文文献部、日文文献部、俄文文献部、少数民族语言部等部门的设置。

（二）图书馆组织机构设置的主要类型

图书馆的组织机构由图书馆业务机构和行政机构两大部门组成：业务机构主要执行图书馆的收集、加工、整理、存储、选择、控制、提供使用等职能；行政机构主要是为图书馆业务工作提供条件，支持和保证业务工作的完成。

图书馆机构的大小或层次的多少，取决于图书馆的类型及其所担负的任务、藏书的数量、读者服务工作的范围与性质，以及其他某些因素。

1. 图书馆的业务机构

图书馆的业务机构，一般分为职能部门、综合部门、专业部门、网络部门四大类型。

职能部门：在图书馆收集、加工、整理、为读者服务的过程中完成各自的职能。如采访部门、编目部门、典藏部门、外借阅览部门、馆际互借部门、书目参考部门、情报研究与服务部门等。

综合部门：完成期刊、特种文献、视听资料的采访、加工、存贮，以及为读者服务的一切职能。如期刊部门、特藏部门、善本部门、手稿部门、地图部门、外文图书部门、视听资料部门等。

专业部门：集中一定的知识学科或艺术方面的图书资料为读者服务。如专利部门、科技部门、艺术部门等。

网络部门：为本网络或其他网络服务。如业务研究辅导部门、图书情报学研究部门、出版部门、计算机技术应用部门、图书交换部门等。

2. 图书馆的行政部门与辅助机构

行政部门：保证和支持图书馆业务工作开展、运行的一些基本部门，它的职能就是为业务工作服务、提供保证条件。如办公室、行政管理部门、秘书部门、外事部门、公共关系部门、计划部门、人事部门、教育部门、财务部门、安全保卫部门、监察部门、物资供应部门、医疗卫生与福利部门等。

辅助部门：图书馆业务工作的辅助部门，是实现图书馆基本职能的辅助机构。如印刷厂或印刷车间、装订室、照相室、复印室、图书修补保护部门等。

我国图书馆组织结构，从宏观上分析，在各大系统之间呈网状型，在各个系统内部既有网状结构，也有职能型结构。从微观上（单一图书馆）分析，目前图书馆的内部组织结构基本采用职能型结构。

任何一个部门的组织结构都不是一成不变的，随着社会变迁、技术发展、组织规模和人们需求变化，组织结构都将发生相应的变化。图书馆作为一个为提高科学文化水平和人们素质服务而存在的机构，在社会经济发展、技术飞速进步、人民生活水平提高的大背景下，同样面临着组织结构不合理、亟待改变的局面。

首先，社会的发展、经济的进步对图书馆服务提出了更多、更高层次的要求。为经济、为社会发展服务是图书馆永恒的主题。随着现代化社会的飞速发展，图书馆作为信息、文献的集散中心，其业务范围将有更广泛的拓展，如传递科技信息、传播先进技术。通过收集、整理、处理数据信息，为经济决策、科研项目提供参考依据，进行项目可行性研究，提供查新咨询服务，推广科技成果，提高劳动者文化素质等。但面对外界环境发生的巨变，图书馆传统的组织结构越来越表现出其局限性和滞后性，这就要求图书馆必须对其组织结构做出相应的变革，以适应未来图书馆事业发展的需要。

其次，现代计算机技术、通信技术、多媒体技术、大规模信息网络的普及与发展以及在图书馆中的应用，对图书馆的传统技术和操作程序产生了巨大的冲击，影响了图书馆活动的效果和效率，而且对职能部门的设置、工作内容的划分、服务模式和工作人员的素质要求都发生着改变，从而成为促进图书馆组织结构变革的重要因素，也为图书馆组织结构变更提供了可能。

最后，读者对信息资源的需求正从追求简单的借阅、复印资料等文献服务向到更深层次的信息需求服务发展，并呈多元化趋势。过去图书馆只具备基本的文献资料保存、借阅功能，随着技术手段的提高，收集、处理信息变得更为快捷方便，图书馆的业务范围拓展到了经济、生活的方方面面，例如传递科技信息、传播先进技术、进行项目可行性研究、提供查新咨询服务、推广科技成果、读者培训等。同时，图书馆面临着众多网上书店、中介机构、咨询公司、网络公司的激烈竞争，以往的不可替代性地位正在被撼动，面对读者深层次的需求和生存发展的需要，图书馆必须在组织结构中融入创新的管理要素，使它适应新的变化。

二、图书馆组织结构的重组

（一）图书馆进行组织结构重组的必要性及意义

1. 图书馆进行组织结构重组的必要性分析

（1）环境变化的需要

众所周知，任何组织结构都是发展的、变化的、动态的，它随着组织结构内外要素的变化而变化。20 世纪末期，由于知识经济对工业经济的冲击，国外自 80 年代以来就提出了组织创新理论，如 1989 年提出的精益生产理论、1993 年提出的机构重组 BR 理论和机构流程重组 BPR 理论，以及 1992 年的学习型组织理论等，它们的一个共同特点是强调人们独立工作的机会和自我管理能力的发挥，强调非正式组织学习的作用，强调充分分权和授权的组织原则，强调对旧有的生产经营系统和管理组织机构的变革。当前图书馆的管理理论来源于亚当·斯密的劳动分工理论，这套商业规则曾指导全球企业运行与发展长达两个多世纪。在20世纪90年代，该劳动分工理论受到了前所未有的巨大挑战。国外提出的企业组织创新理论，我们认为也同样适应于图书馆管理。图书馆要想在新的环境中保持和发展自己的立足之地，唯有调整自己的发展战略，适应新的环境。

（2）图书馆发展的需要

图书馆传统组织结构是一个等级分明的金字塔结构，这种组织是建立在以分工为基础的职能部门基础之上的，如果我们分析这种职能部门制分工的依据就不难发现部门的设置是沿着文献管理的主线来展开的，这使得现行组织结构其职能系统——采访、编目、流通等横向业务工作系统和管理系统、计划、组织、控制等纵向的管理工作程序，分别都是线性结构。这种结构明显的弱点便是功能割裂和封闭性，传统所采用的金字塔式按作业流程划分部门的结构将不再适应，组织结构将面临着重组，这是因为图书馆传统作业方式将发生巨大变化，在采访方面，通过利用互联网和互联网上的工具，图书馆采访人员可以直接联系订购所需要的资料，从而大大缩短了采访工作所需要的时间。在编目方面，互联网和其他网络化计算机系统极大地便利了联合编目和编目外包，这不但有利降低成本，而且可以提高编目的效率和质量，等等。对用户的重视，要求图书馆建立起相适应的结构。传统的图书馆都是采用按作业流程划分部门的方法，这种方法对于提高图书馆馆员的专业化程度和工作的熟练程度确实起着很大的作用。但是这种组织结构体制不适合数字图书馆的发展，一是不利于图书馆与外部信息机构之间的沟通与联系，影响信息的传递与交流；二是层次太多、机构臃肿、人浮于事且缺乏有效的内部联系，容易在各个部门间形成对立情况。不利于横向沟通。三是机构的组织运行忽视了组织成员的个性特征，抑制了馆员工作的主动性、积极性、创造性的发挥，造成馆员在取得所需要的技能后，产生厌倦和单调感，继而影响工作的效率和质量。因此机制的改革与重组势在必行。

（3）现代信息网络技术发展的需要

以网络为核心的信息技术对传统的图书馆产生了巨大和深远的影响，从根本上改变着图书馆的方方面面，从而使数字图书馆作为一种全新的图书馆形态而产生。图书馆作为一个生长着的有机体，进行着形态的转变，必然要通过各种变革来完成它的各项功能，而信息技术的飞速发展为这种实现提供了可能，使数字图书馆迅速发展。但在进行数字图书馆建设的同时，我们还发现，虽在信息技术方面花费了大量的人力、物力和财力，但有时只能说是减轻了单位人员的劳动强度，甚至有时为适应某些技术的实现而使原本简单的工作变得复杂化了。究其原因就是将信息技术应用在过时的老流程上，没有改变原有的工作方式，所以在先进的信息网络技术支持下，数字图书馆应重新审视自身，积极主动地引进先进的业务流程，重组思想，变革管理，以此提高图书馆工作的效率。

科学技术突飞猛进，以计算机技术、互联网技术、通信技术等为代表的现代信息技术极大地改变了人们的生活、工作和学习，扩大了图书馆的服务内容和服务范围，图书馆要想有效利用现代信息技术、促进传统图书馆尽快地向数字化图书馆转变，首先要对图书馆现有的组织模式和管理模式，特别是业务流程予以重新评估和认识，并作大胆而必要的改造。

2. 图书馆进行组织结构重组的重要意义

第一，有利于图书馆形成高效低耗的运作模式。把有限的时间、精力和财力全部或大部用于图书馆的资源和设施建设。要注意工作设计的整体化，注意裁减冗余人员，减少管理层次，进而减少消耗、提高效率。

第二，有利于实现图书馆服务的敏捷反应。现代通信技术、专业化生产能力和物流管理是建设敏捷性组织的技术条件和物质保障。从市场层面来说，敏捷性的特征就是货物、信息和服务高度个性化综合，快速、准确、全面的信息保障能力就是在有信息需求的顾客看来最有价值的商品。一个图书馆在服务方面的反应能力如何，是衡量一个图书馆能否建成敏捷性组织的重要指标，也是进行图书馆业务流程重组的根本任务之一。在网络条件下，进行科学合理的重组，把合理的资源配置、先进的技术服务手段以及高素质的队伍建设整合成一个有机的整体，建立一个能够快速满足顾客个性化需求的敏捷型组织，随时对读者的需求做出敏捷的反应，给予及时准确、仔细周到的服务是极为必要的，这样也可以提高图书馆的生命力。

第三，有利于建设学习型图书馆组织。通过业务流程重组，有利于图书馆拥有学习型组织的功能，使每个图书馆馆员确立系统思维、增强自我超越、改进心智和系统思考的修炼，能够不断突破自己的能力上限，创造期望的结果，培养全新、前瞻和开阔的思考方式，全力实现共同的抱负，使图书馆在内外发展变化的环境中，提高整体应变能力。

第四，有利于增强图书馆的核心竞争力。对于一个组织来说，它所具有的不容易被竞争对手超越和模仿的优势，也称为该企业的核心能力，建立竞争优势的一种重要途径就是充分利用核心竞争力。在网络信息技术发展的今天，如何在数字网络环境下保持图书馆的核心竞争力，重组新的核心竞争力绝不仅仅是通过网络获取信息的问题，而是涉及数字图书馆建设的方方面面的问题，先进信息技术的应用无疑是提升核心竞争力的技术条件，但更新管理理念、重组组织机构和工作流程、提高管理人员的综合素质才是重组和提升核心竞争力的先决条件。

（二）图书馆进行组织结构重组的基本原则

（1）以读者的需求为出发点

为了满足读者对文献信息的需求，现代图书馆服务组织正由封闭型向开放型转变。图书馆要完成这一转变，建立一个开放型的服务组织，就必须了解读者对日益增长的文献需求有哪些变化、他们的期望是什么、图书馆现在服务的满足程度如何等。要了解、掌握这些情况，就必须进行社会调查。在很多方面，图书馆的社会调查与有形商品社会调查的方式是相似的，都需要对读者的需求情况、不满意程度和产生的原因做出评价。但由于读者的多样性和需求的异质性，要求其调查内容具有广泛性。

（2）以提高服务质量为目标

现代的图书馆服务组织，应以提高图书馆的服务质量为最终目标，而不是以方便管理为目的。什么样的组织结构能最大限度地方便读者利用文献、最大限度地发挥文献的作用、最快捷地响应读者的提问，就应采用什么样的组织结构。这里的图书馆，既是指单一图书馆，也是指在一定范围内的图书馆（图书馆联盟）

的服务质量。随着文献类型、数量的变化，读者需求的多元化发展，单一图书馆很难满足读者的需求，服务质量的提高也必然受到制约。单一图书馆组织结构的重组能在一定范围内提高服务质量，而在联盟范围内进行组织结构重组，将使服务质量得以最大化提高。

（3）实现资源效益最大化

现代图书馆的服务组织应能实现各类资源效益的最大化。图书馆作为一个非营利性服务机构，各馆的运行经费都比较紧张，如何有效地使用这些资金，避免浪费，也是组织结构调整的目的。其资源包括文献、设备设施和人员。

（三）图书馆开展组织结构重组的主要特征

1. 组织规模小型化

数字时代的图书馆将是一种基于网络环境下的数字化文献信息共建共享的社会信息系统，是一个面向对象的分布式的网状结构模式。而对于组成这样的宏观图书馆的每个微观的图书馆实体而言，网上的虚拟信息资源、技术设施，乃至专业人才都构成了自身信息获得、信息处理和信息服务能力的组成，这将极大地拓展图书馆的信息提供和信息服务能力。这种资源的共享会减轻各微观图书馆实体对本馆实际拥有的资源、设施和人力需求的压力。微观数字图书馆的组织规模将表现出小型化的特征。这种小型化的特征，一是表现为机构数量减少。由于数字化信息的采集、整序、传递等各项工序之间关系十分密切，甚至相互交叉、渗透；数字化又使得信息载体趋于统一，也将导致信息加工处理技术的归并；而网络化的协作将使信息加工处理成果共享成为可能，许多信息加工成果实现了一次加工，多次利用，一家操作，多家共享。凡此种种，将要求许多传统的机构合并或取消，如报刊部、流通部就可能没有存在的必要，情报服务部和参考咨询部、阅览部、用户培训部等可以合并，采访部和编目部也可以合并，因此内部机构数量将大为减少。二是表现为人员减少。一方面，机构的减少必然导致人员的减少；另一方面，自动化的信息处理技术和管理手段，也将减少图书馆业务工作中的重复性、事务性劳动，减少对简单劳动力的需要。相对于传统图书馆来说，处理同样多的信息量，或满足同样多的用户需求，完成相同的工作量所需的人力将大大减少。此外，工序之间的交叉、渗透也将降低人员分工的程度，因此，在提高专业人员素质的同时，人员（尤其是管理人员和初级专业人员）将大量减少。

2. 组织结构扁平化

现代图书馆赖以生存的网络环境，信息传递的速度和范围都达到了空前的程度。一方面，海量的信息涌入网络，要求图书馆要及时予以鉴别、采集、处理，并及时提供给用户；而用户也可以通过网络，要求图书馆提供他们所需的服务，图书馆必须迅速地给予回应。另一方面，网络也将缩小乃至消除组织中上下级之间信息获取能力的差异，极有可能使得一线的工作人员能够获得和他的上级领导一样多、一样新的信息，让他有可能掌握决策所需的信息而在一线工作中直接对用户的要求做出反应、做出相应的决策，而不必像原来那样事事请示上级领导。因此，严密的等级式结构将被打破，组织层次将减少，管理环节将简化，"多层塔式"的组织结构将向"扁平式"的组织结构发展。在这样的组织结构中，纵向管理信息传递简化，出现了众多的以项目为核心的平行组织。同时，在这种扁平结构的组织中，各部门之间的渗透性增强，组织内部的横向沟通更加畅通，人员的主动性和创造力得到充分发挥，图书馆的组织形式具有更强的灵活性和应变能力。

3. 业务分工粗略化

早期与传统手工作业相联系的分工细化业务，还增加了业务工序之间的接口，因此增加了信息沟通的难度和成本，数字时代图书馆所处的环境和用户对信息的需求变化频繁，数字化文献数量大且时间性强的特点迫使图书馆要以较高的效率运作，并要求图书馆加快对信息的加工和传递的速度，过细的业务划分及其带来的组织机构的细化明显地成为提高效率的障碍。而且在划分细化后部门独立的业务机构体系，在遇到一些需要跨部门协作、满足用户综合的信息需要的时候，往往受本位主义等观念的影响，在人员的调动、相互的支援和协作等方面发生困难，不利于整体目标的确立和实施。图书馆必然需要将业务以及相应的业务部门进行粗略的划分，把相互关联的业务工序加以整合，合并相关的业务部门，尽可能地消除重复职能，让部门之间更具渗透性。这有利于克服本位主义，发挥整体优势。粗分式的组织框架，则有集中人力、减少部门与部门之间的接口、灵活调度的优点，提高了图书馆的运行效率。

4. 服务重心前移化

传统图书馆受重藏轻用观念的影响，工作的重心始终是放在文献的加工、整理和保管上，读者服务沦为借借还还、看门守摊的简单劳动。尽管图书馆人员也早已意识到这个问题，也一直在致力于改变这种现象，加强对读者的服务。但是由于受传统观念的影响、馆员素质能力的束缚，以及服务手段和服务环境的制约，使读者服务工作基本仍停留在以借阅为主的简单服务模式上，客观上形成了一线服务工作的简单化，而显得内部的文献加工工作更为复杂、更具技术性，成为图书馆业务工作的重心所在。

数字时代图书馆是网络合作型的图书馆，信息资源的拥有转化为拥有和获取并存，而具有较大共性的信息加工整序工作变为一馆加工、多馆享用的联机加工模式，大大减少各馆之间的重复劳动，就每个微观的图书馆而言，信息加工的工作量将大大减少。而另一方面，各具个性的用户咨询、信息导航、信息深层开发等一线服务将大大加强。这势必要求改变传统图书馆在业务过程中以操作环节和文献资料整理为主的封闭型管理机制，重组业务体系，将工作重心前移，把以采编典藏为核心的业务过程转变为以开发利用信息服务为主导的业务体系，重组部门结构，大胆地将人员、管理精力，甚至必要的财力从文献收集、处理、阅览和书库管理中解放出来，投入到更富挑战性和吸引力的功能及服务之中，开发用户需要的，符合数字化、网络信息传递要求的服务项目和服务内容。以服务赢得用户、赢得市场，实现图书馆的社会价值，维护图书馆生存的社会基础。

（四）图书馆开展组织结构重组的方式

服务组织重组中要树立"以人为本"的理念，人则包括馆员和读者。要采用科学的方法，准确把握读者的需求和馆员参与的程度，将服务组织重组成为一个能提供优质服务的机构。

图书馆要建立新的组织结构，不是在原来的基础上做些简单的修补，而是要从图书馆的战略目标出发，以满足读者多层次、多元化的需求为中心，重新设置职能机构、设计工作流程、明确责任权利，是一项整体的、全局的系统工程。因为，组织结构一经确定，就不宜再做大幅度、频繁变动，如果频繁变动，一方面不利于组织的正常运作，另一方面会使组织成员产生不安定感。组织结构的设计要遵循一些共同的原则，包括：统一目标原则、责权利相等原则、分工协作原则、命令统一原则、适当授权原则、管理宽度原则、效率原则、弹性原则，即要明确组织成员各自的责任与权利，进行合理的分工协作，避免权利过度集中，避免"多头领导、令出多门"，以使所有组成要素形成合力，实现组织的目标。一个合理的组织结构还必须是高效而富有弹性的，不要因为环境的改变而缺乏应变能力，使其陷入困境。组织的成员要具有整体系统观，但不局限于本部门，要使图书馆作为一个和谐的团队进行运作，讲究团结协作。

1. 宏观图书馆组织结构重组

从我国图书馆事业宏观发展看，建立图书馆联盟是发展的必然趋势，而对于图书馆联盟的建立，业内人士进行了一些理论的探讨，并在一些区域进行了尝试，如公共图书馆界建立的共享工程、高校图书馆实施的 Calis 工程等，多限于文献资源采购、编目和利用方面，而在咨询服务、设备的共享等方面则没有开展，所以就目前现状看，真正意义上的联盟还未形成，就其组织结构而言也还在探讨之中。

图书馆联盟是指为了实现整体资源共享、利益互惠而组织起来的，以若干图书馆为主体，联合相关的信息资源系统，根据共同认定的协议和合同，按照统一的技术标准和工作程序，通过一定的信息传递结构，执行一项或多项服务的联合体。它满足了读者与日俱增的多样化、个性化需求，因而更具有兼容并包、求同存异性。它既可以理解为馆际间的合作，也可以理解为传统图书馆与数字图书馆和虚拟图书馆等多种合作形式。

图书馆联盟组织有以下三个方面的特点：①联盟是一个虚拟组织。图书馆联盟是在现有图书馆基础上基于互联网形成的一个跨地域分布的网络化的虚拟组织，作为虚拟组织，其承担了实体的功能，因此它可以实现地域乃至全国现有图书馆资源共享。②联盟成员之间相互平等、独立。由于图书馆联盟的成员是相对独立和自治的实体，其固有的隶属关系不变。联盟成员之间是平等、松散、契约式的关系。联盟的实际运作是通过相应的规范和协议来控制和协调的。成员在联盟范围内协调合作，通过对外部资源的有效集成和整合，来达到服务的快速实现。③联盟组织是开放且无边界的。图书馆联盟的组织是开放的，它没有一成不变的组织边界，联盟成员自身具有绝对的独立性和自主性，几个图书馆可以构成一个联盟，一个图书馆也可以同时参与多个联盟。其生命周期可长可短，既可以是长期合作，也可以依据服务项目而临时构建。这种动态的、有自由适应能力的、随机组合的组织，具有动态业务流程重组和组织结构重组的能力。它实际上维系了满足各自不同需要的、多种组织形式的共存，这种多样的、共存的、高柔性的组织结构提高了组织对不同需要、不同层次、不同单位的适应能力。因此，联盟组织能适应不断变化的社会信息需求。

根据以上分析，可以得出虚拟型组织结构中的星型模式比较适应当前我国图书馆联盟建设的实际。这是因为，在星型组织模式中是以盟主单位为主导并担负着虚拟组织主要的管理工作，是虚拟组织管理的主体。我国图书馆事业长期以来，不论在国家层面还是在地方层面，各系统图书馆内部都有中心图书馆，它们担负着协调、指导本地区各类型图书馆的职能，在本行业中有着优势地位，各馆在客观上也默认它们的盟主地位。鉴于目前我国三大类型图书馆分割的局面，先在各系统内部建立联盟，再逐步扩展到各系统之间的联盟。

图书馆联盟是图书馆的未来发展方向，但要保证联盟的建立及正常运行，必须建立行之有效的管理制度，保证它能够在系统运行过程中使各图书馆相互作用、合理制约，它是系统整体良性循环健康发展规则、规章与制度的总和。图书馆联盟的运行是一个非常复杂的过程，它要求要有一系列的管理制度来保障联盟的有效运行。

2. 微观图书馆组织结构重组

从微观组织结构上分析，我国图书馆服务组织结构一般都是职能型结构。最高管理层是馆长，中层管理部门和辅助部门是办公室、采编部门、技术保障部门，前台服务部门是咨询服务部门、阅览服务部门。20世纪中期，这一服务组织形式就在我国图书馆服务活动中形成，至今已延续了半个多世纪。在读者需求相对单一、文献学科内容相对简单的情况下，这种结构模式能够起到较好的作用，但在目前，读者对文献信息的需求日趋多元化、文献的学科内容相互渗透的情况下，这一服务结构模式制约了服务质量的提高，应加以改进、重组。

由于图书馆类型不同，其主要服务对象、任务也不尽相同，其服务组织结构也应有所区别。以为科研服务为主的科学图书馆适合采用扁平结构的服务组织结构。根据读者的需要成立若干服务项目组。项目组既可以是固定的，也可以根据需要成立临时性的，它直接由本馆的最高层业务主管直接领导，独立进行文献信息的采集、加工和提供服务。

公共图书馆应根据职能不同而采用不同的组织结构。大中型图书馆，其主要职能应是以为地方经济建设和为地方政府决策提供信息服务为主，以为一般群众提供文献服务为辅。其组织结构应是以扁平型结构为主，以职能型结构为辅的复合型结构。基层公共图书馆的主要职能是为社会提供文献利用服务，它们的信息服务主要应委托上一级图书馆完成，所以其组织结构应采用 T 型组织结构。

这里的共享工程建设负责本区域图书馆联盟建设，不直接面对读者。各项目组可以是固定的，也可以根据服务对象需要而临时组织。

高校图书馆则是提供文献服务和信息服务并存，但其服务对象相对比较单一，学科特点鲜明，为了满足对学科服务的需要，宜采用扁平型服务结构为主。

由于高校图书馆在行政管理方面较公共图书馆相对简化，故其办公室的职能包括在最高管理层中。文献资源的遴选工作分解到各学科组和读者服务部门，这里的文献建设主要是对遴选后的文献目录进行整理、发送，以及对外包加工后的文献进行审核。学科组的设置一般应相对固定，并与学校的院系设置和重点学科相一致，用于读者服务的纸质文献也应按学科进行布局，以方便读者利用。

（五）图书馆开展组织结构重组的内容

1. 管理理念的重组

管理是指管理者在特定环境下对组织的各类资源进行有效的

计划、组织、指挥、协调和控制，以便实现组织目标的过程。处于不同历史发展阶段的图书馆在管理理念上有着不同的内容，但"以书为本""以藏为主"给图书馆的管理留下了深深的烙印，在网络信息时代读者日益增长的文献信息需求与相对落后的信息服务方式之间的矛盾日益突显。在当今高度信息化的社会环境中，图书馆以往集中管理、高层决策的管理模式的缺点日益凸显出来，一方面决策者难以快速应对馆员和用户上传的大量复杂的信息，另一方面馆员由于长期从事简单且重复的劳动而产生惰性，缺乏积极性和开拓精神，用户也会对图书馆服务失去信心。管理重组理念的两个基本着眼点在于：

一是"以人为本"，在以人为本的管理理念中，既要强调读者第一的服务理念，也要坚持员工为本的管理思想，只有充分调动每个人的积极性、能动性和创造性，图书馆的一切活动才能充满活力。

二是"以用为主"，图书馆的一切馆藏文献的收集、加工、存储和使用都应以方便读者为主。在管理手段上要充分利用计算机等现代信息技术实现自动化和规范化管理，提高信息的处理能力和对文献进行深层次加工能力，有效地利用网络资源，满足不同层次用户的共性需求和个性化需求。

2. 服务理念的重组

"用户至上"一直是图书馆的重要服务理念，这与 BPR 理论中的倡导顾客导向相吻合。但是以往的"用户至上"可以简单地解释为"尽量符合用户的检索习惯"，这是建立在用户拉取图书馆信息的技术层面上的一种服务观念。在网络化的知识社会中，信息环境发生了巨大变化，图书馆仍需坚持"用户至上"，然而其内容有了深刻的发展，首先，其技术层面变信息拉取技术为信息推送技术，即面向用户的主动服务；其次，除了符合用户的检索习惯外，还要满足用户在信息检索速度和检索质量上的要求，及时准确地为用户提供优质的信息服务；其三，满足用户个性化信息需求。

3. 组织机构的重建

由于现代图书馆对技术的依赖性，图书馆往往被定义为由软件和计算机群基于互联网络链接在一起的高级信息系统，是一个开放式的、集硬件和软件合成为一体的平台，通过对技术和产品的集成，将数量巨大的、种类繁多的数字化文献载体进行有效组织，借助网络提供服务。而从管理学的角度分析，现代图书馆应该是一个存储知识、创造知识的组织。与传统图书馆的藏书使命不同，数字图书馆承载着多层面的服务功能，并受信息技术对数字图书馆组织结构的影响，为了实现图书馆运行的高效低耗，避免人浮于事，必须建立良好的管理运行机制，正是由于这种影响，改变了图书馆的组织结构。

重建组织机构还包括业务人员调整。现代图书馆的核心业务是信息和知识服务，根据业务外包理论，在数字环境下，图书馆的其他非核心工作，如文献整理、图书馆管理系统软件设计，甚至包括曾经是图书馆核心业务的文献编目等，可以全部或部分外包出去，优秀人才则集中于高层次、智能化的信息产品和信息咨询服务，使图书馆机构的重心向信息服务转移，以适应社会对图书馆的需求。

4. 工作流程的重组

在网络环境下，传统图书馆原有工作流程会被调整、弱化、合并甚至被取消，同时会产生一些新的流程，并且它们的作用将不断得到加强，如在图书馆的传统业务中，编目工作曾经是最能体现图书馆专业知识的技术性工作环节之一，在网络环境、资源共享、联合编目等冲击下，这项工作的地位和性质受到了空前的挑战，图书版权页的 CIP 数据及网上编目数据的下载，使这项工作在绝大多数图书馆已简化成给图书加种次号、馆藏代码等简单工序，采访、分编、典藏这三项工作正在或已经变成图书馆的次要任务，而采访与编目的主要任务将过渡到对文献进行深入地揭示，并帮助读者更加有效地利用信息资源，如图书馆自动化集成管理系统及图书馆网站的建设、自助式借还书系统的推出和应用等。

工作流程重组关键也要突出和关注用户服务和"以人为本"，总的原则是简化用户接受服务的过程，甚至简化到可为用户提供机会实现自主式服务。经过业务流程重组的图书馆，让许多原本枯燥乏味的重复工作整合在计算机系统中，这对人的体力和脑力将是极大的解脱。人们可以有更多的时间和精力来从事图书馆本质的工作，现代图书馆工作的重心从对文献信息的加工整理转为向用户提供服务这一组织的最终目标上来。

5. 人才队伍的重组

人才队伍建设是图书馆建设的关键，关系到图书馆的成效，关注的是图书馆馆员的主体价值，建设高素质的人才队伍是图书馆 BPR 的核心。在网络环境下，图书馆馆员应当是擅长某一领域且知识丰富的复合型人才，他们既要有扎实的图书情报理论功底，掌握或熟悉一门以上的专业知识，也要具备熟练的计算机应用技能与网络信息的处理能力，另外还应具备较高的外语功底和娴熟的业务技巧。尽管图书馆馆员的学历结构同以前相比有所提高，但同整个社会学历层次普遍提高相比，馆员的学历并没有什么优势，图书馆缺少拔尖的人才，而高素质的人才是图书馆业务流程重组且顺利实施的保证。为此，要对图书馆各部门的情况和人员状况进行综合分析，制定切实可行的方案，对传统的人事分配制度和岗位体制进行改革，实行全员聘任制，竞争上岗，评聘分开，细化岗位编制，制定考核指标和监督措施，完善配套奖惩制度，使重组后的人员设置适应数字图书馆发展的需要。

随着信息技术的广泛应用，越来越多的图书馆馆员将从后台走到前台，面向广大用户开展自己的工作。用户是一个复杂的群体，他们的信息需求也是多种多样且灵活易变的，这就要求图书馆馆员知识丰富，只有锐意进取、不断学习、不断充实与调整自身的知识结构，才能适应经济全球化、社会信息化的潮流，在激烈的竞争中立足并有所作为，才能全面充分发挥自己的创造性，积极主动地去满足用户的各种信息需求。

（六）图书馆重组后的组织结构

图书馆的组织管理，应该抛开地域、行业系统的传统概念，根据专业化的原则来设立管理机构，凸现专业化管理的作用。各个专业子系统要分别建立自己的管理机构来进行协调管理。根据现代图书馆体系结构的描述，考虑到图书馆功能的实现，可将图书馆分为资源建设部门、技术支持部门、用户服务部门及图书馆办公室。

1. 资源建设部门

现代信息资源建设的观念认为，信息不等于信息资源，只有有序化的信息才能成为资源。因此信息资源建设是一个根据用户的需要，获取散布于市场和网络的信息，并加以有序化加工的过程。这是一个完整的过程。仅有信息的获取，没有信息的整序，尚不能构成信息资源建设的全过程。特别是在网络条件下，信息的获取相对十分便利，就技术而言，网络上所有的信息都可以被任何人获取，但这样的信息是无序的（这也正是目前网络信息的一大特征），对用户来说是难以利用的，甚至是无用的。图书馆信息资源建设的任务就是要在杂乱的原信息中分离出用户所需的信息，并将其整合成结构化的、有机的体系，为用户所用。因此，图书馆资源建设部门应一并承担起信息资源获取、信息资源整序、信息资源维护的功能，实行采、分、编一体化的作业流程。

这种整合式的设计，着眼于现代图书馆馆藏中，主要是电子出版物和网络文件。随着网络功能的强化和电子商务的发展，采访的过程将更多地依赖于网络，可直接在线完成。而分编的信息，由于数据高度共享的特点，也可及时从线上书目中取得。采访和整理同样表现为从网络获取信息。更何况，现代图书馆信息资源建设的另一个重要组成部分——虚拟资源的建设，更是利用网络对信息资源进行选择、发掘、组织和加工的一整套技术方法进行处理的，这样的一个信息的采集过程何尝不是一个信息的整理加工过程。通过采集，已经对所采集的信息内容、形式有所了解，为整序打下了基础，而通过分编整序，对馆藏信息资源有了全面的把握，更加掌握资源采集的依据。数字信息资源的采集和整序是一个互相交叉的过程，整个采购分编处理可由同一个部门，甚至同一位馆员负责，不再是过去那种分阶段由不同部门的不同人员完成。采编合一，缩短了分编周期，提高了工作效率，节省了人力。

资源建设部门实行采、分、编一体化作业，其任务是提出信息资源建设方案计划；对信息进行收集与整理；对网络信息进行追踪；对非数字化文献信息扫描后存储于计算机，包括文本、图片、声音、录像资料、缩微资料等多种信息类型的转换。资源建设部门由馆藏资源数字化、数字文献的采购、网络资源库的建设以及数据库建设等几个部门组成。

2. 用户服务部门

用户服务部门是图书馆为用户服务的第一线，是图书馆职能的直接履行者。现代图书馆的用户服务部门最大特点是打破了图书馆中图书、期刊、电子出版物分立的服务体制，是一个融外借阅览、参考咨询、网络导航、与用户沟通、倾听用户意见及建议、开展用户培训等服务为一体的多功能、综合化服务部门。

传统图书馆的服务模式以藏、阅、借、咨高度分流为本质特征，在功能上书、刊、借、阅有严格明确的分工，这种按照文献类型和作业内容组织起来的"书本位""刊本位"，以文献为中心的一条龙管理有明显弊端，造成服务职能的分离和失衡，具体表现为服务工作与读者需求之间存在某种程度的脱节，使得对同一读者的服务被分割在不同功能的书库或阅览室中，读者在某一部门不能得到系统的资料，不能享受完整的服务。比如，面对多种文献载体，一般图书馆都采取分别管理、分别服务的模式，所谓图书、期刊、电子读物三条龙的管理服务体制。对于需要全面掌握某一特定专题文献的读者来说，就必须对书刊目录、电子出版物目录逐一进行检索，然后到许多分散的借阅点获取原件，往往是流通、期刊、阅览室都跑遍，也不见得满意。而且这种图书、期刊、非书资料及非本馆文献各自为政的管理模式，造成了不同载体的文献由不同部门提供，各部门只熟悉本部门的文献，因而，对读者的某些问题或困难出现了无人过问或"踢皮球"的现象。

而一体化服务模式改变了原部门之间严重分离的现象，促进了部门间的沟通联合，从各自独立变为彼此合作、统筹安排，合并了相似功能的环节，如读者身份的多次确认，简化了工作步骤，使图书馆管理更加高效化、合理化与简单化，更充分体现了图书馆"一切为读者"的宗旨，能使读者对图书馆的服务内容、服务功能有更直观的了解，方便了读者对图书馆馆藏的使用。"一体化"服务兼容了从用户教育到参考咨询、从信息检索到文献提供，让读者能直接接触到文献资料，使读者在同一时间、同一地点享受图书馆的多种服务，读者在查找利用信息资料的过程中遇到的问题和困难都可以从这个部门获得有效的帮助。

具体来说，用户服务部门应该承担以下服务任务：

（1）信息查阅服务

通过信息资源的查阅，为用户提供其所需的信息依然是现代图书馆基本的用户服务方式。在图书馆收藏的信息中以数字化文献的，形式存在的，查阅和使用的方式则不同于印刷型文献的查阅使用方式，例如，数字化文献的收藏没有复本，而单份文献可以提供多人同时利用，因此将不再有文献的外借，而取而代之的是一部分馆内的查阅和大量的馆外网上查阅。图书馆的服务就是要将自己的信息产品通过网络快速地传递给广大用户，网络使图书馆从按用户需求提供信息转移到通过网络主动进行信息传播。图书馆必须在网络上建立自己的主页或网站，通过主页或网站向用户提供信息资源，以及信息的查询服务。信息查询服务包括四个方面，一是图书馆导览，可介绍图书馆组织概况、馆藏概况、图书馆服务项目、数据库检索的方法、网络资源的利用方法等；二是图书馆简讯，向网络用户发布各种动态性的消息，如新书上架、各种学术活动安排等；三是公共检索服务；四是联机数据库查询。

这种通过网络的信息查阅服务使用户不管是在馆内，还是在办公室、家中，都可以随时使用馆藏资源及因特网资源，让用户以最快速度了解到本学科在国内外的研究前沿和进展情况。由于经过图书馆员的筛选，所获得的信息在质量和相关性方面都有一定的保证，从而使用户不再置身于信息海洋中无所适从。

（2）参考咨询服务

数字图书馆的出现，将引起传统图书馆工作内容和组织结构的深刻变化，一些业务活动也将会萎缩，早在1980年，美国图书馆情报学家就曾预测诸如分类和编目这样的技术服务工作将迅速减少。该预测在美国、英国和日本等发达国家基本上得到了验证。一些图书馆的操作活动如装订、上架、归架和点检书刊等在数字图书馆时代将会消失，传统图书馆的物理阅览空间将会逐渐被网络虚拟阅览空间所取代。而参考咨询服务却会越来越为用户所需要。有人认为，学科专家型的信息咨询馆员作用将在数字图书馆时代得到真正的体现。

数字化图书馆时代到来后，时间将成为用户最为宝贵的资源，特别是企业用户在信息应用中将更多地考虑时间成本，购买有价值信息的费用并不重要，但寻找有价值信息的时间代价却是信息需求者所考虑的首要问题。虽然数字图书馆提供了迅速方便的查找途径，但从浩瀚的信息资源中搜索出所需要的信息，所花费的时间成本也是巨大的。节省时间成本的手段是提高信息的浓度，也就是提炼信息内容，在单位时间内提供给用户更多有价值的信息。随着数字化信息的激增，用户将会把这些工作委托给参考咨询服务部门来做。图书馆可以解答用户提出的特殊检索要求，接受用户的委托，为有关课题提供情报保障，甚至直接介入课题研究，为课题提供专题报告，进行定题跟踪服务。

（3）网络接入服务

尽管现代图书馆能够提供网络的虚拟服务，用户可以在办公室、家里、旅途中通过网络享受到图书馆的服务，但这并不意味着图书馆不再需要为用户提供一个获取信息的物理场所。如同发展了私家车，并不等于不再需要公共汽车；家家有了电视机，并不意味着电影院的消失。虚拟图书馆的发展，同样并不意味着有围墙的图书馆就此消亡。网络的发展，并不阻碍用户继续利用图书馆的空间作为获取和使用信息的场所。图书馆作为社会重要的文化设施，依然有着为用户提供一个集中获取信息场所的义务和必要。图书馆提供的舒适、便捷的信息使用条件和环境，以及有图书馆馆员现场提供的良好服务，可能具有某些在办公室或家庭中所难以具备的优势，由此依然会吸引用户到图书馆来寻求信息，寻求图书馆的服务。另外可以预见在一定的时期内，信息技术的发展和普及需要一个过程，在这一过程中，总有一些地区、机构和个人，在一定的时间、空间范围内，受各种条件的限制，不能通过远距离的通信手段获取信息资源和信息服务，而需要到图书馆来满足自己的需要。

（4）用户培训服务

数字化信息和网络环境在给用户带来许多方便的同时，也给用户带来了许多麻烦和困难。数字图书馆时代，用户更愿意、也有可能由自己来检索他们所需的信息。但应看到，信息技术发展日新月异，数字图书馆总是努力采用先进的信息技术来完善信息服务系统，而用户习惯于被动地接受先进技术，两者间存在着技术差距。这就需要图书馆对用户进行培训，向信息用户介绍网络的基本知识和如何利用各种检索工具，还应告诉用户互联网上都有哪些信息、如何使用计算机软硬件进入数据库系统、如何使用检索系统以及网上信息的鉴别和收集、个人资料的建立等。可开设数字图书馆和网络知识课程，采取讲座、演示、实践的方法授课，向用户讲授通过网络检索外地数据库的基本技能，使用户能利用网络信息资源来完成研究任务，帮助用户获得检索书目的技巧和有关知识，使其学会使用复杂的检索技术，使用户能熟练利用计算机辅助会议、电子邮件服务、校园信息系统，帮助用户选择最合适的信息检索工具。

3. 技术支持部门

现代图书馆主要依靠计算机和网络设备来支持工作。设备的配置、维护，系统的开发及其运作的顺畅等均需专业技术人员来完成。技术支持部门作为现代图书馆的关键部门，主要负责数字化文献的备份、软硬件的维护、系统的安全等工作。这个部门主要承担的任务有：

数字化文献的备份工作。数字化文献备份保存是一项极其重要的工作。数字化文献的大规模存贮和长期保存是图书馆发展进程中的一对矛盾。按目前来看，数字化文献保存应建立在复制的基础上，而不是依赖延续其物理载体的使用期限，因此是否能做好日常的备份工作，并且有一个能确保安全的、环境良好的备份保存室，对数字图书馆来说是生死攸关的。因此，数字化文献需要按时进行数据备份，并密切关注系统软件的更新给数据的长期保存带来的障碍，做好数据的迁移工作等。

软硬件的维护工作。软硬件的维护、更新、升级工作，是保持整个系统的正常运行、保证图书馆网络畅通的关键。

系统的安全工作。防止病毒侵害和黑客攻击可能给该系统带来的危害。

4. 图书馆办公室

负责全馆的改革措施、管理目标、规章制度、岗位责任的制定，目标完成情况的考核评估，改革措施的实施检查，人员的选调培训，奖惩制度的贯彻执行，公关策划与实施，经费的总体预算、结算及一些后勤事务的管理等。它不再是一个简单的行政后勤部门，而应是现代图书馆科学管理的核心。

（七）图书馆重组后的组织结构的特性

由于现代信息技术推进，促使图书馆的组织结构体现出扁平式、网络化、柔性化、无边界性等特性。

1. 扁平化。信息技术的应用，加快了信息的收集、传递和处理，承担了传统业务工作中采访、编目、流通等职能，并在多样化的信息服务过程中缔造了全新的服务理念，实现了知识的传播价值。而数字化的服务模式也缩短了组织的高层与基层之间的信息传递距离，原来的垂直金字塔结构逐渐向扁平式结构转化。

2. 网络化。在网络环境中，组织中个体、群体之间的沟通由传统的行政指令转化为信息交流，从而使组织高效和开放。这种高效、开放的运行机制离不开网络的支撑。

3. 柔性化。图书馆拥有大量的相关知识人员，从而具有应付不同信息服务模式的能力，这种适应变化的能力和特性可称为柔性。柔性组织结构，既使员工参与决策又使员工专注于自己的工作，既集权又分权，既有制度约束又提供了创新的行为空间，通过技术的拓展和创新，图书馆拥有先进和稳定的计算机应用系统，如图书馆自动化管理系统、办公自动化系统、资源整合系统、信息发布系统、视频点播系统、馆内论坛等，而这些技术和软件的完善与发展，相应地提高了组织结构的柔性。

4. 无边界性。图书馆的职能部门和组织单元之间的界限越来越模糊，服务模式也将越来越不受时空的局限，存储区、局域网络、无线网络等先进技术更是突破了信息流动的种种阻隔。因此，与其说图书馆是一个存在于某一地理位置，由信息、资源、服务、图书馆馆员等构成的实体，不如说它是一个由各种要素和机能组成的系统。

三、图书馆服务组织的发展趋势分析

（一）图书馆服务组织的虚拟化发展

事实上，"虚拟化"是信息时代图书馆一直以来所追求的目标，例如对数字图书馆和虚拟图书馆的研究。这里论述的图书馆的虚拟化，强调的是作为一种"虚拟组织"的图书馆，它与现在广为使用的"虚拟图书馆"的内涵是不同的。"虚拟图书馆"的认识集中体现了信息时代图书馆在技术手段和信息资源上的特点，信息资源可以是虚拟的，服务手段也可以是虚拟的，那么，信息时代图书馆的结构功能和运作方式是怎样的呢？现有的"虚拟图书馆"并没有为我们指出其中的答案。因此，"虚拟组织"的概念拓展了我们对"虚拟图书馆"的认识。不仅仅是技术手段和信息资源的网络化和虚拟化，它将"虚拟化"的概念拓宽到了

图书馆本身的功能结构和运作方式。

图书馆走向虚拟化并不是一项全新的事务，从某种程度上说，图书馆比其他的商业组织更早地意识到了建立"虚拟组织"的必要性，并且开展了建立"虚拟组织"的实践活动，比如联机共享编目、文献资源共享等。只是我们以前并未有意识地从组织管理的角度来看待这些过程。建立一个在结构功能和运作方式虚拟化的图书馆并非一蹴而就，但其两大着眼点却明白无误地放在了我们面前。一是抛弃"大而全""小而全"的传统管理模式，以"虚拟化"为导向，重新设计单个图书馆内部的结构功能；二是重新定义图书馆之间、图书馆与供应商之间的关系，将合作作为未来图书馆的基本运作方式。

对于图书馆来说，虚拟组织的观念向我们提供了改进效率、提高效益的所需养分。信息时代的图书馆应该追求专长化和合作化，不断努力建立能够为用户提供及时、高效服务的组织结构和业务流程。世界上许多优秀的图书馆已经开始考虑沿着这种思路改进自己的功能结构。事实上，如果将虚拟组织的概念加以推广，甚至对于矩阵式组织，都可以认为它是虚拟组织的初级形式。矩阵式组织的主结构——直线职能制逐步弱化，科层减少，部门独立，功能弱化，跨部门工作小组不断增加，合作化程度不断提高。知识经济专家维娜·艾莉就曾指出："网络型结构的极端就是虚拟组织。"

（二）图书馆服务组织的协作化发展

从"虚拟组织"的特点看，图书馆未来的运作方式如果用一个词概括，那就是"合作化"。图书馆之间资源共建共享的历史就是合作的历史，这种合作最早可以追溯到一个世纪之前，1901

年美国国会图书馆已经开始对其他馆实行馆际外借服务，并开始对 400 多家图书馆提供印刷目录卡片服务。如果从"虚拟组织"的角度出发，当一个组织内部实现了专长化，那么它必然会有其他非专长的任务需要借助具有互补性的外部力加以完成，除此之外，"合作"方式本身也能够为我们创造出巨大的价值。当然，信息时代图书馆的合作伙伴不再仅仅局限于图书馆的范围之内，出版商、应用服务提供商都将成为图书馆的合作对象。

1. 构建图书馆协作体

图书馆未来的运作模式，首先是建立在"图书馆协作体"基础上的合作。上海地区文献资源共享协作网和华东师范大学信息学系联合课题组在《上海地区文献信息资源共享问题研究》的一系列研究报告中，以单独一章的形式对美国图书馆信息资源共享的历史和现状进行了总结。20 世纪 60 年代以后，信息资源共享的历史几乎也是图书馆协作体发展的历史。

美国第一代的图书馆协作体诞生于 20 世纪 60 年代，合作的主要方式是以馆际互借和联合目录等协作内容为主要纽带相互连接起来的，其着眼点固然有通过协作来降低成本的因素，但更多的是为改善和强化服务能力而采取的积极步骤。这种新的图书馆协作体由于当时的技术条件限制，它所起到的资源共享的作用不能和以后的图书馆网络相比拟。但是这种协作体出现的意义是深远的，因为它是介于市场配置和组织内配置之间的"第三态"的信息资源配置方式，同时也是一种介于政府行为与图书馆个体之间的"中间组织"形式。所以它的出现逐渐取代了以往图书馆单打独斗的局面，同时也避免了完全由政府包办的局限性，从而开始彻底改变美国图书馆信息资源共享的面貌，为新一代计算机图书馆书目奠定了组织基础。

到了 20 世纪 80 年代以后，随着 OCLC 等书目利用共同体的成员馆数量增加，成员图书馆之间的关系逐渐成为购买同一个中心服务的用户关系。与其说 OCLC 是图书馆之间的一种协作关系，还不如说是构筑了一个庞大的书目数据库然后利用它向图书馆出售的一种巨型化的企业。和早期相比，同一个地区的图书馆之间的相互联系反而变得疏远了。在这种情况下，既充分利用 OCLC 所提供的书目信息资源，同时在此基础上结合本地信息资源共享的一些特殊需要，深化和延伸一些 OCLC 的服务需要，就产生了新一代地区和行业性质的图书馆协作体，尽管它们也叫做"图书馆协作体"，但是和第一代的图书馆协作体有了显著的不同。新一代协作体的运营是以计算机通信网络为基本技术前提，它们的特点可以归纳为：①共同拥有物理性的资源，提供联合目录、馆际互借、文献传送等系统；②能够提供因特网服务；③能够提供存取电子信息资源的服务，这是新一代图书馆协作体的重要特征。这包含了建立提供地区服务的硬件和软件设备，具备提供连接其他平台的技术环境同时，也包含了利用电子信息资源的集体协议等方面的协作内容。

从数量上看，美国地区性的新一代图书馆协作体数量庞大，加州大学伯克利分校图书馆维护的 LIBWEB 包括了全世界主要的图书馆网址目录，为 81 个美国地区性图书馆协作体提供了链接。CARL（The Colorado Allianceof Research Libraries）作为新一代协作体的代表，经常在美国的图书馆学情报学文献中出现。根据CARL1998 年的战略计划，它的主要目的有两个，一是资源共享，二是识别和解决与信息创造、收集、获取和分配的各种问题。协作体将通过共享资源、专业人员和集体采购帮助它的成员降低运作成本并且提供更多的服务。通过 CRAL，各个成员馆可以获得以下一些主要的利益：①以协作体价格（Consortia Price）购买各种数据库，或者由协作体的核心预算（Core Budget）资助购买数据库；②由协作体核心预算资助，为成员馆提供计算机软硬件的技术支持；③代表成员馆集体采购；④由核心预算资助为成员馆提供通信技术咨询和技术支持等，从中我们不难看出，新一代图书馆协作体的合作内容瞄准了 OCLC 等第一代协作体的不足，为成员馆提供远远超出书目共建共享水平的全方位服务。

2. 构建与出版商的伙伴关系

在信息成为商品的意识形态之下，面对以利润为最终目标的商业出版界，如何在促进图书馆利益的前提下，遵循商业世界的游戏规则，保证各取所需，形成双赢？通过图书馆协作体与出版商建立伙伴关系是取得这种双赢局面的关键。事实上，如果信息供应商的利益得不到保证，图书馆的服务、用户的利益将同样得不到保证。随着各种出版物、数据库价格的不断提高，图书馆不再单独同供应商打交道，而是借助图书馆协作体的力量，增强自己的砍价能力，与供应商签订集体契约。一方面，由图书馆协作体代表各个成员馆和信息供应商签订集体契约可以有效降低总体的采购成本，另一方面，同协作体合作也可以有效降低信息供应商的经营开支，以美国依利诺依州的 ILCSO 为例，供应商不必同每个成员馆单独交易，整个采购过程由 ILCSO 出面，ILCSO 向各个成员馆收取货款之后，再统一支付给供应商。ILCSO 还为供应商的产品提供了一部分的技术支持，而当供应商同每个图书馆单独交易时，这些服务必须由供应商提供。

此外，对供应商来说，通过游说图书馆协作体，有可能间接地提高成员馆对新产品和服务的兴趣，事实上协作体很多时候在不自觉地帮助供应商进行市场营销活动。还有，随着电子信息资源的发展，各种版权许可协议变得越来越复杂，通过图书馆协作体对各种许可协议的集中管理，避免了供应商在同各个图书馆单独签订许可协议时重复巨大劳动。

图书馆和其他文献提供机构的重要作用之一就是保存文献以备今后使用，随着电子出版的盛行，图书馆将不再实际拥有各种电子信息资源，它们拥有的仅仅是获取这些资源的用户名和口令。那么，谁来承担保存文献的历史重任呢？澳大利亚国家图书馆对 CD-ROM 和软盘文献的调查结果表明，出版者在制作 CD-ROM 与软盘文献时并未考虑到它们今后的长期存取问题，它们也不愿承担保护光盘与软盘文献长期存取的责任，他们更注重经济效益。而一个可喜的消息是，OCLC 针对电子文献的保存问题为我们提供了一个可供参考的方案，它的联机电子收藏已经声明将对其所代理的所有期刊提供永久的电子存档，为了预防这个承诺将来无法兑现，它已经和出版伙伴同第三方签订协议，由第三方提供电子文档。由此可见，在电子环境中，沿袭传统出版物的管理规则，无论是由图书馆等文献收藏部门还是由出版商单独承担电子出版物的保存职能是不可能的。图书馆必须与出版者分担电子出版物的保存职能，在电子环境中建立新的关系与了解。运行新的信息管理规则，才有可能达到保护电子出版物信息长期存取的目的。

3. ASP——图书馆新的合作伙伴

ASP 全称呼为 Application Service Provider，即应用服务提供

商，就是通过网络为用户提供托管、管理应用程序及相关服务的网络服务商、与业务外包相对应的信息技术承包商。

从用户角度来看，ASP 可看做是一个应用计算供应源。ASP 运营商利用 Web 的特殊优势，将应用及应用的计算过程集中到 Web 服务端的大型服务器上，而不是购买 ASP 服务的某个组织的内部服务器上。用户采用"租借"的形式，来享受 ASP 运营商拥有的应用所提供的计算结果。利用 ASP 的好处是不言而喻的，用户不必自己去投资购买复杂解决方案，也不必耗费大量资源来建立和管理自己的因特网，ASP 有效降低信息设备总拥有成本；减轻信息系统对软件的依存度，并可以即时获得最新功能；减轻对硬件终端设备的依存度、延长现有信息设备的使用周期；避免对软件开发等进行投资；避免了软硬件平台升级和改动所带来的风险[①]。

ASP 其实无处不在，最简单的例子就是我们使用的免费电子邮件系统，ASP 更广泛的应用是为企业提供在线的生产效率工具，比如 ERP 系统、办公软件等。美国和欧洲的许多著名企业纷纷进入这一市场。全球最大的 ERP 供应商 SAP 已经开始提供租用在线 ERP 系统的服务，并为此设立了门户网站。惠普公司将在线应用服务作为其核心的商业战略，并成立了专门的 INTERNET 商业部门来推广它的"E-SERVICE"计划。国内著名的免费电子邮件网站 21CN、上海电信等也已经正式推出面向企业的收费电子邮件系统服务。

那么图书馆究竟可以在哪些方面利用 ASP 呢？ASP 目前主要

---

① 江涛，穆颖丽．现代图书馆服务理论与实践［M］．郑州：河南人民出版社，2014：77.

集中在互联网应用，最简单的应用是电子邮件、论坛、BBS 系统等。ASP 的一个好处是，许多服务几乎是免费的，而在收取一定的费用后，我们则可以获得更好、更快、更安全的服务。我们甚至可以获得基于 Web 的轻量级数据库、日程管理程序、办公软件、财务软件等。

ASP 作为一种新兴的服务方式，在利用上仍然存在许多限制。首先是计算机硬件问题，缺乏像内部网那样的带宽和不够强劲的 PC 系统是成为我们利用 ASP 的主要障碍。其次是数据安全性问题，我们究竟愿意冒多大的风险将关键数据放在别人的服务器上？当然对于图书馆来说，我们尚未发现线上图书馆自动化系统。最关键的一个问题是，这些 ASP 究竟能生存多长时间？制约 ASP 发展的主要问题在于如何设计出一种有效的商业模式，降低用户成本，同时 ASP 自身也能获得盈利。尽管如此，作者坚信基于 Web 的应用程序，其租用模式将成为有效降低图书馆的运营成本和运营风险的有力工具。

（三）图书馆服务学习型组织及建立

面对瞬息万变的信息环境，为了提供更有价值的服务，图书馆员必须不断地学习和更好地学习，持续的改进要求我承担起学习的责任。一个组织也唯有通过不断地学习，才能具有保持竞争优势和立于不败之地的能力。美国的专业图书馆协会（SLA）一直以来都把促进成员的学习，增强成员的学习能力作为一种组织战略加以执行。

1. 学习型组织的概念

对"学习型组织（Learning Organization）"的研究可以追溯到 20 世纪 70 年代末，哈佛大学的 Chris　Argyris 教授在 1978 年出版的《组织学习》一书中研究了组织成员的学习模式，首先提出了"组织学习"的概念。成为以后包括彼得·圣吉的《第五项修炼》在内的众多著作的思想源泉。根据 Argy Hs 教授的观点，首先，与通常的想象不同，在"组织学习"一词中的"学习"指的并不是掌握更多的专业知识以解决问题，事实上，往往是那些在学校中成绩优秀、被认为最善于学习的组织成员，反而并不擅长学习。他进一步指出，为解决问题而学习固然重要，但是想要使学习持续下去，更重要的工作是"内省"，管理者和员工都必须反思自己的行为和处理问题的方式，进而改造自己的行为，因为，如果界定问题和解决问题的方式不当，反而会带来更多的问题。其次，人们往往认为促进学习主要是激励问题，如果人们抱有正确的态度和强烈的责任感，学习就会自然而然地发生。所以，真正的学习不仅是掌握专业知识，更重要的是改变自身的心智模式和行动规则。随着彼得·圣吉的经典著作《第五项修炼》在 1990 年出版，建立学习型组织的浪潮首先在西方企业界得到了广泛响应。

然而，对学习型组织下一个确切的定义是非常困难的，与其将学习型组织看成一种组织形态，不如将它看成一种组织文化，彼得·圣吉在《第五项修炼》中对学习型组织做了通俗的解释："在这里，人们不断地扩张自己的能力，去创造他们所真正期望的结果；在这里，人们可以培养新的扩张性的思维方式；在这里，人们可以释放出他们郁结已久的激情；在这里，人们可以不断学会如何在一起学习。"我们可以认为，学习型组织就是一种精干、灵巧、信息化、层次少、柔性高、应变力强，能不断自我学习、革新、充满活力与创造力。能持续开拓未来的组织，是一种善应变，能不断学习、创新、不断自我超越的组织。可以认为，学习型组织正是一种能够充分发挥人的主观能动性的组织与管理模式，对于"以人为本"的组织，获得竞争优势的唯一方法就在于能比对手学习得更快更好。学习型组织是一种普遍适用的组织形式，虽然对它的主要研究集中在工商管理领域，但它同样适用于包括图书馆在内的各种公共服务部门。

2. 学习型组织的建立

学习型组织的风行得益于彼得·圣吉的《第五项修炼》，书中通过系统思考、自我超越、改善心智模式、建立共同愿景和团队学习五项核心修炼向我们指出了建立学习型组织的途径。

谈到系统思考，必须先提及系统动力学。系统动力学是一门以其鲜明突出的系统观和以"系统"为主要特征而问世的学科，它的理论核心是以系统方法论的基本原则来考察研究客观世界。系统思考是一种分析综合系统内外反馈信息、非线性特性和时滞影响的整体动态思考方法。它强调系统、辩证、发展的观点，研究系统内各部分之间，以及系统与环境之间相互作用、相互影响、不断发展变化的关系。圣吉指出，组织问题的成因主要在组织内部，问题的解决依赖于确定最有效的政策杠杆，着力从内部寻找解决办法。系统内部的决策与行动将产生反馈作用，直接或间接影响系统的行为，甚至改变自身的结构。

所谓心智模式是指那些存在于个人与群体人脑中，描述与分析处理问题的观点、方法和进行决策的依据与准则。显然心智模式和个人或集体的世界观、理念、价值观、信仰、素养、学识、阅历、经验和文化传统等密切相关。对同一事件、问题，不同的个人或集体将以自己的心智模式进行分析、处理与决策，其见解与所采取的决策可能不大相同，决策实施效果之优劣亦将迥异。无数的事实说明，心智模式不仅能决定我们对世界的认识，而且还决定了我们如何行动。虽然人们的行为不一定与其信奉的理论完全一致，但是他们总是以自己的心智模式来指挥自己的行动与实践。共同的心智模式是组织兴衰的关键，是建立学习型组织的突破口，只有改进员工的心智模式，不断革故鼎新，才有可能建立起"永葆青春"的学习型组织。

愿景是一幅图画，描述某一特定目标和所期望的未来。愿景是具体的，是可望可即的。愿景的内容是多方面的，是物质方面的或精神方面的，可以是个人的意愿、规划和企望。建立共同愿景指的是在一组织中人们共有的可望且可即的奋斗目标与前景。此前景应是大家真正共同享有的，而不仅是组织中各成员个人所设置的。当人们拥有共同的前景、共同的事业和共同的利益，他们就能同舟共济，激发出巨大的力量，不畏艰险、群策群力地去争取胜利。共同的愿景使学习型组织充满活力，它既指明了学习的焦点又提供了学习的动力，使人振奋并激发了思想的火花。可以说，建立正确的共同愿景是任何组织取得成功的关键。

团队学习，顾名思义就是一种集体进行学习的活动。过去，培训任务的重点在于提高个体的竞争力，尽管员工共同参与培训课程，但是知识的传递主要针对个人，尤其突出的是，无形知识的传递被这种传统的培训方式忽视了。当人们建立了组织，系统且有规律地分享每个组织成员的知识，并集中思考他们的经验时，就形成了团队学习。通过团队学习，团队中的个体才会表现出他们在观点、经验、专长和经验上无法言传的差异（隐形知识），如此一来，团队学习比个人学习引发了更多的思考，帮助揭示了个人潜在的想法，尤其是面对复杂问题时，讨论可能会产生许多不同的观点，差别越大，引发的思考就越广泛。团队学习并不局限于培训和教育中，它实质上体现了一种分享、交流知识和经验的组织文化。

自我超越指的是个人的学习与成长。显然，唯有通过个人的学习才能形成组织的学习。固然个人学习并不能确保形成真正的组织学习，但是若无个人的学习与进取，则无组织的学习与进步可言。具有高水平个人进取修炼艺术的人们将不断扩展他们的能力去创造所追求的愿景，表现出一种坚忍不拔、顽强的个人进取和全身心奉献事业的精神，基于此才能融合成一股强大的学习型组织的精神力量。因此，不断挖掘人的智慧和能力的潜力是确保一个组织长期发达昌盛的关键。

第二节　图书馆服务组织文化的设计与塑造

一、图书馆组织文化的设计要点

（1）给图书馆以正确的定位。并不是硬件设施齐全、藏书量大就能说明图书馆的先进，关键在于图书馆如何发挥本馆的优势，使有限的资源创造无限的价值。正确的定位对于图书馆组织文化的进一步设计起到了导向作用。

（2）提出共同目标。馆长的责任就是根据社会发展的需要提出图书馆的发展目标，并根据目标绘制愿景蓝图，让员工看到事业发展的前景和个人的前途，起到导向和激励的作用。

（3）引导员工树立正确的价值观文化。价值观文化从某种意义上来说是一种观念形态和心理状态，它存在于每一位员工的心中，同时表现为行为方式和思维方式。员工的心理是一种更具有代表性的文化底蕴，所谓氛围、风气、风貌正是组织文化的自然体现。图书馆的领导不仅要关心员工工作如何，更要关注员工价值观念的培育，激励员工同心协力、努力工作的热情，使其各个员工都具有责任感和成就感。

（4）明确规章制度。给为实现目标而做出贡献的职工以物质肯定，是先进组织文化建设的一个十分重要的内容。在图书馆的各项规章制度中，对业务规范的技术性细节描述得比较多，而从文化角度考虑，对馆员如何提高人文素质的要求却很少，例如对馆员的服务用语、言谈举止的要求以及各项服务程序和保护读者权益很少做出明确规定。图书馆可以将服务程序与物质奖励挂钩，从制度层面提高服务水平。

二、图书馆组织文化的内容与塑造

（一）图书馆组织文化的内容

组织文化的产生、发展是一个缓慢且渐进的过程，构建优秀的组织文化也并非一朝一夕的事情。图书馆要想塑造良好的组织文化，对内部而言，要创设自身的价值观体系、规章制度、行为规范；对外部而言，要创设组织文化向用户传播以及向员工渗透的机制和网络，加大宣传力度，树立良好形象。组织文化最初是一个理念，然后通过种种机制，正式变为每一个员工的行为。一旦形成组织文化之后，在实务上会建立起一套相应的方案，包括工作环境、服务口号、活动与仪式、规章制度、管理理念、价值标准、职业道德与精神风貌。

（1）工作环境包括馆舍造型、布局、色彩、书架摆放，各个层面与阅览区、场地的标志，环境秩序和卫生，工作人员的服饰等。图书馆要先从表层文化入手，窗明几净的工作和阅览环境、醒目的指示标志、良好的工作秩序，这些都会给读者留下深刻的印象，从而获得广泛的认同。

（2）服务口号是组织文化外在的表达工具，是服务宗旨的提炼，它时刻提醒员工本馆的核心精神，服务口号不能只停留在口号阶段，而要落在实处，用实际行动来体现，图书馆的行为就体现在每一个员工的行为上。同时要通过各种传播媒介大力宣传和倡导，做到员工读者人尽皆知，这样可以提高图书馆在读者心目中的地位。

（3）活动与仪式。定期与业务人员进行沟通与协作，以更好地开发资源。活动与仪式作为组织文化的一部分，可以增加员工之间的责任感。图书馆开展的各种活动和仪式可以对员工的价值观起到强化作用，比如定期开展的馆长与员工的沟通交流活动、各部门之间的流程协作、节假日开展的休闲娱乐活动等，既能培养职工的自豪感和向心力，又满足了员工的归属感，使之在潜移默化的过程中形成集体凝聚力。

（4）规章制度。要想把图书馆的组织文化真正落实到实际行动中，就需要确立和实施相应的规章制度。图书馆人的精神因素是通过具体的图书馆制度是图书馆服务成果。它是塑造和延伸图书馆文化的重要手段和有力保证，是构成图书馆人行为与活动的习惯规则，制约着图书馆人的行为，使整个图书馆组织趋于稳定。

（5）管理理念。管理理念作为超越具体业务和现实技术之外的一种境界，是对组织文化的核心内容和组织群体意识形态的高度概括，也是组织精神和组织价值观的最高表现。

（6）价值标准。图书馆应树立"读者至上"的价值标准，价值观概括出了图书馆在管理中的目标和追求。核心的价值观贯穿于图书馆工作的各个环节，它使图书馆员工对组织文化的规章制度、管理理念产生认同感，使整个图书馆团结一致。

（7）职业道德与精神风貌。职业道德以固化的观念形式存在于图书馆员工的内心，体现在图书馆人的日常工作中。良好的精神风貌可以鼓舞员工的士气，展现出员工的整体面貌。

（二）图书馆组织文化的塑造

在图书馆组织文化的塑造过程中，应注意以下问题：

（1）完美的服务是增值服务。由于组织文化具有一定的主观性，图书馆成员的行为方式受其价值观的影响，体现在每个成员的精神上，每一次完美的服务都会让用户感觉到自己是重中之重，让用户对服务产生认同感。获得越来越多的用户认同必然会提升组织的价值，从而使服务起到间接增值的作用。

（2）必须有与组织文化相适应的保证机制。组织文化虽不容忽视，但较难把握。它要求图书馆的决策层必须以科学的、理性的眼光和思维来观察研究一系列重大问题，如图书馆内部组织机构的合理性、管理制度的科学性、管理方法的有效性、图书馆运作模式的先进性与独特性，以及同外界社会环境保持动态协调的融合性等。在此基础上才能建立起有效的图书馆领导层及优化的图书馆组织机构。

（3）组织文化要量体裁衣。组织文化建设是一个图书馆的"软件"建设，其重点在于执行，然而每个组织的情况各有不同，对于先进的组织文化应当有选择地借鉴，并非全盘照搬，只有与本馆兼容的才是最好的。

第三节　图书馆服务资源建设与共享

　　资源是图书馆开展服务的基础和前提。在新的环境下，重新定义资源的构成，定义图书馆资源建设和资源保障体系，建立良好的资源环境，是做好图书馆资源配置的关键，也是图书馆生存和发展的需要。随着当代信息技术的发展，图书馆资源的内涵和结构、图书馆获取资源的方式、资源的评价标准、资源保障的方式、资源经费配置等都在发生着深刻的变化。现代图书馆需要多种载体资源共存，建立混合型资源保障体系已成为现代图书馆界的共识。

一、图书馆服务资源概述

　　服务资源是图书馆开展社会服务的源泉。但对图书馆服务资源的认识，过去往往局限于文献信息资源而忽视了其他资源，对文献信息资源又多限于本馆的馆藏文献，而对馆外文献、网络资源重视不够。当今科技日新月异，理应赋予图书馆服务资源以新的内涵，将图书馆服务资源视作各类资源有机组成的整体系统。

　　一般意义上的服务资源就是服务组织具有的、为顾客提供服务体验的、包括有形的物质要素和支持无形的所谓"纯粹服务"的服务组织人员所组成的一切物质和非物质因素。图书馆服务资源是为社会、用户提供便利而组织起来的相互联系的、多种资源的动态有机整体。我们所说的图书馆资源在本质上都是为图书馆服务提供保障的，都是服务资源，因此图书馆资源与图书馆服务资源是同义词。这主要是因为图书馆服务离不开各种类型和形态的图书馆资源，而任何一种图书馆资源离开了图书馆服务，也就失去了在图书馆存在的价值，现在有人甚至把图书馆资源作为图书馆学的主要研究对象。美国著名图书馆学家切尼克在其专著《图书馆服务导论》中，同样用"图书馆资源"一词替代"图书馆服务资源"这个概念。

（一）图书馆资源的主要特性

图书馆资源具有以下几种特性：

一是可用性。图书馆资源是为图书馆而存在的，是为了更好地满足用户的文献信息和其他需求，因而具有可用性。任何图书馆资源失去了可用性，也就失去了在图书馆存在的必要。

二是有序性。图书馆资源应该是有序存在的资源。最显著的特点是图书馆文献信息资源如果是无序的，就无法被人利用，将会成为一堆信息垃圾，这一点，稍有图书馆知识的人都能理解。图书馆的人力资源，也明显具备有序性。因为图书馆的人力资源是有序地组织在图书馆这个服务组织之内的，平时对人力资源的管理过程就是一种整合过程。一个图书馆如果不重视对员工的管理，人员处于失控状态，就无法发挥最大效益。同样，图书馆资源如果是杂乱无章的，那么既无法营造一个良好的服务环境，也无法发挥应有的功能。

三是整体性。整体性是指按一定方式构成的有机体系统中各要素之间相互联系、相互制约，使系统整体呈现出各个组成部分不单独具有的整体功能，体现了整体大于部分之和以及要素与系统的不可分性。图书馆资源的各构成要素组成了一个图书馆服务的整体，各要素之间密不可分，其整体发挥的效益要大于各要素的简单相加，也就是人们常说的"1+1>2"效应。当然，随着现代科学技术的发展，特别是计算机技术、网络技术的发展和网络图书馆、虚拟图书馆的出现，图书馆资源的组成要素也发生了一定的变化，但其整体性却始终如一。

四是联系性。联系性是指系统各组成要素之间相互作用、相互关联的同时，它们与外部环境也有着千丝万缕的联系。图书馆资源各构成要素之间相互依存、相互影响，这种关系决定了图书馆资源要素内部联系的特性。在图书馆开展服务的过程中，各资源要素要紧密合作、互相协助、有序衔接，这样才能保证整个图书馆服务系统的正常运转，满足用户的服务需求。

五是动态性。动态性是指一个系统随着时间的推移及外部环境的变化，系统的构成要素也不断发生变化。从外部看，随着现代科学技术的发展，图书馆所处的环境已经发生了翻天覆地的变化，图书馆要想适应这种变化和不断增加的需求，就必须大力引进人才、技术和设备，以加强自己的服务功能，改进自己的运行机制。图书馆资源从诞生之日发展到今天，其外延和内涵正逐步扩大，这种发展变化决定了资源的动态特性。

（二）图书馆资源的构成要素

如果从图书馆服务过程的角度对图书馆资源进行分析，我们可把开展图书馆服务工作所需的资源分为文献信息资源、人力资源和设施资源。这也是目前图书馆界比较流行的做法，只是每个人对此三要素的理解尚有偏差。如果从广义的角度，也可以比较准确地囊括上述多种构成，即在三个大资源下可再细分若干小资源，形成一个图书馆资源体系。

1. 文献信息资源

文献信息资源一般也称信息资源。它是图书馆赖以生存和发展的基础，其含义包括图书馆可供使用的所有信息，可分为馆藏文献信息资源、网络信息资源，也包括可共享的其他单位的馆藏文献信息资源。馆藏文献信息资源是指图书馆内所收藏的为用户提供知识信息服务的各类信息资源。网络信息资源是指存在于现代计算机网络系统之中，并以联机的方式向用户提供服务的信息资源，包括静态的文献数字化信息和动态的社会信息。共享的社会文献信息资源是指本馆没有收藏但能通过各种方式可以利用的其他单位收藏的文献信息资源。

2. 人力资源

人力资源是图书馆事业发展的关键因素，其含义包括与图书馆相关的各种人员及由人衍生出的管理方法，可分为图书馆馆员、用户资源，其中图书馆馆员资源又包括了图书馆理论和方法、图书馆政策、法规、技术资源，因为这些资源是图书馆馆员的智力结晶。狭义上的人力资源仅指图书馆馆员，近年来有关图书馆人力资源开发与管理的研究大都从狭义的人力资源定义上来论述的，很少把图书馆馆员以外的用户资源纳入人力资源的研究范围中。让用户在实质上参与图书馆的管理和服务，将为图书馆事业注入新的活力，如部分图书馆建立的专家顾问团、青年志愿者服务队、学生图书馆管理协会等都是对图书馆用户人力资源的开发，对图书馆工作本身起了很大的促进作用。

3. 设施资源

这个用词比较妥当，虽与设备资源只一字之差，但其范围要大于设备资源，包括馆舍、设备、用品。其中图书馆设备是主要的设施资源，它又可分为传统设备（如书架、阅览桌椅等）和现代化设备（如计算机等），有人将现代化设备称之为信息设施，包括自动化系统、网络。在这里，技术与设备已融合在一起，所以有不少人称其为技术设备资源，但从理论上讲，技术与设备应分属于不同的资源范畴。设施资源是图书馆的物质基础，特别是信息技术设备的配置已成为现代化图书馆的标志，因而越来越受到重视。

（三）图书馆资源管理的科学化需求

图书馆资源管理的科学化是指以管理科学和其他科学知识做指导，遵照图书馆发展的客观规律，合理地组织、最大限度地发挥和使用图书馆的各种资源，提高工作效率，以达到预期目的的管理方法。图书馆资源管理科学化是实现图书馆管理现代化的基础和前提，它强烈要求管理的标准化、自动化、系统化。否则，图书馆就难以适应社会的发展和用户需求的变化。

（1）标准化。图书馆资源管理的标准化是减少甚至消除文献工作中的无序状态和重复加工现象，以达到规范化、系列化，从而是促进文献信息交流和共享的重要手段，同时标准化也是实现管理科学化的重要条件。

（2）自动化。图书馆自动化系统可以分为：图书馆资源管理自动化系统和图书馆服务自动化系统。前者是一个基本的管理信息系统，主要针对图书馆内部事务，是面向图书馆馆员的；后者是图书馆利用自己各种类型的文献信息资源，向用户提供文献信息服务过程的自动化系统。

（3）系统化。图书馆资源管理的系统化是图书馆资源管理的研究和管理活动都必须遵循系统的原理。图书馆资源本身是一个复杂的系统，它具有特定的目标、特定的功能、特定的管理机制和信息结构。因此，在管理活动中，必须应用系统的观点和系统的方法，借助现代科学技术来研究和实现图书馆资源管理的系统化。

二、图书馆文献信息资源建设

在因特网全球化的社会中，图书馆提供信息服务的方式受到了前所未有的挑战。联机数据库、网上信息资源等出现，一方面打破了多年来印刷型文献在馆藏建设中一统天下的局面，另一方面也使读者对图书馆的馆藏方式提出了新的需求。文献信息资源建设是一个长期积累的过程，任何短期行为都会影响馆藏的完整性和系统性。为了使馆藏建设持续发展，积极探索网络环境建设的发展趋势，是图书馆当前必须面对的一个现实问题。图书馆经过多年的积累已经形成了巨大而丰富的文献资源体系，它对科研和图书馆事业的发展起到了积极的推进作用。

随着网络环境的形成，各种载体的文献相继出现，使图书馆的馆藏建设发生深刻变化。网络时代图书馆的馆藏概念与传统图书馆相比有了很大差别，传统图书馆馆藏是一个独立的、有明确界限的物理实体。网络环境下的馆藏则由传统、静态的方式转变成了现代、动态的方式，其表现是多馆性、区域性的联合馆藏。图书馆以满足读者多方位信息需求为出发点，改变过去各自为政、自我封闭的传统收藏观念，树立了联合协作、资源共享的新观念，形成了全方位开发的发展态势，使图书馆的社会效益得到充分发挥。因此，网络环境下的图书馆资源，不再只是传统意义上的文献，而是包括传统文献、电子出版物和网络信息在内的信息资源。网络环境下传统的和非传统的文献信息都是图书馆进行资源建设和开展服务所需要的。图书馆文献信息资源建设的最终目标是为用户提供全面的文献信息资源保障，实现文献信息资源共享对于图书馆来说，既是一项传统的工作，也是一个极富挑战性的新课题，需要我们从一个全新的角度去审视已有的文献信息资源建设的理论与实践。

（一）图书馆文献信息资源的主要类型

现代图书馆信息资源由馆藏实体信息资源和网上虚拟数字信息资源组成。实体信息资源主要为传统信息资源，即人们能够通过感官看得到、摸得着那一部分资源，如图书、期刊、报纸、光盘、磁带、缩微资料等。虚拟数字信息资源指的是通过计算机网络可以利用的各信息资源的总和，包括馆藏实体数字信息资源和虚拟数字信息资源。

关于现代图书馆信息资源的种类，许多人从不同的角度给予了不同的分类。按照信息传播的范围可分为本馆资源和网络资源；按照信息的级别划分有一次文献、二次文献、三次文献；按照文献的形式划分有图书、期刊、报纸、学位论文、标准、会议文献等；按照信息加工层次可划分为搜索引擎、联机馆藏目录、网络数据库、电子期刊、电子图书、参考工具书等。

下面以出版形式、结合知识内容和载体形态对信息资源的类型进行划分，主要有以下类型。

1. 图书

图书或称为书籍，包括专著、译著、论文集、资料汇编、通俗读物、教科书、工具书等。图书在信息传递中的特点是内容全面、系统、成熟、可靠、信息量大，是迄今为止人们学习各种学科知识最主要的信息源。但图书出版周期较长。

2. 连续出版物

连续出版物是一种具有统一名称、固定版式、统一开本、连续编号，汇集多位著者的多篇著述，定期或者不定期编辑发行的出版物。

期刊是连续出版物的主要形式之一。其内容涉及经济、政治、思想、科技、文化、教育、文学艺术及社会生活等各个领域。期刊可以分为学术性期刊、文学性期刊、通俗性期刊、检索性期刊、资料性期刊、报道性期刊等。期刊在信息传递中的特点是内容专深、可靠、详尽、信息丰富、信息量大、品种多、出版周期短，能够及时反映有关领域的最新动态，是向读者传递信息、交流思想最快的平面媒体和最基本的途径之一。

报纸是连续出版物的又一表现形式。其以国内外社会、政治、经济、文化等新闻为主要内容。报纸可以划分为日报、双日报、三日报、周报、旬报等类型。报纸作为一种新闻媒体，出版周期短，信息量巨大，能够迅速报道最新的信息。报纸主要面向普通读者，通常不提供学术性信息。但包含大量的社会、经济、技术的动态和政策信息。

3. 非书资料

非书资料，又称非印刷型资料，是指利用现代技术方法将信息记录和储存在除纸张以外的其他物质载体上的一切文献。非书资料产生于 19 世纪末，具有生动形象、传递迅速、体积小、质量轻、成本低、需借助于设备使用等特点。非书资料又可以分为缩微资料、视听资料、机读资料等类型。

（1）缩微资料。缩微资料是以感光材料为载体，把原始文献用缩微照相技术，拍摄存储在胶卷或胶片上的文献。其特点是信息存贮量大、体积小、质量轻、成本低。主要缺点是使用不方便，必须借助于专门的缩微阅读设备才能阅读；保存与使用要求具有一定条件，设备费用投资较大。

（2）视听资料。视听资料又称声像资料，是以电磁材料为载体，以电磁波为信息信号，将声音、文字及图像记录下来的一种动态型文献，主要包括电影、录像、唱片等。其特点是直观、生动、活泼，使观众或听众更容易接受和理解其中的信息。视听资料按感官接受方式的不同，可分为三种类型：一是视觉资料，如幻灯片、底片、无声录像带、无声照片、传真照片等形象记录资料；二是听觉资料，包括唱片、录音带等各种发音目录资料；三是音像资料。如录音资料、录像资料、声像资料等。

（3）机读资料。机读资料即机器可读资料，是将各种信息存储在磁介质或光介质上，通过计算机或其他设备读取的资料。常见的有光盘、磁盘等。

4. 特种文献

特种文献是指出版形式比较特殊的科技文献资料。特种文献通常介于图书与期刊之间，内容广泛新颖，类型复杂多样，主要有下面几种类型：

（1）学位论文。学位论文是为了获得学位资格而撰写的学术性研究论文。学位论文，尤其是较高层次的学位论文，应能表明申请学位者对某学科的理论知识的掌握程度、概括能力和独立从事科学研究的能力，学位论文的内容通常较为系统、详细、深入，并具有一定的独创性。一般而言，学位论文并不是为出版或发表而撰写，流通范围较小。

（2）科技报告。科技报告是对科学、技术研究成果的报告或研究进展的记录。它的内容范围主要是尖端学科的重大课题，一般由国家主管部门组织较强的专家学者参与研究，代表着一个国家专业的科研水平，论述专深具体，资料准确可靠，学术价值高。科技报告按储存方式分为报告书、技术札记、论文、备忘录、通报、技术译文等；按报告反映的研究进展程度分为初步报告、进展报告、中期报告、终结报告；按流通范围分为绝密报告、机密报告、秘密报告、非密报告、解密报告和非密限制报告。

（3）标准文献。标准文献是对工农业产品和工程建设质量、规格及其检验方法等做出技术规定的文件。通过这类文献，可以对产品的分类、品种、规格、性能、参数、质量等级、试验和转换方法、包装标志等的统一规定有所了解，也可以对原材料的品种、规格、物理性能、化学成分、试验方法及对原材料工艺、试验、分析、测定、检验、验收等的规定有所了解。

标准文献其特点是：在科学上是可靠的，在技术上是可行的，在经济上是合理的。虽然标准文献一般不反映有关领域的最新信息，但体现了具有一定法律约束力的技术规范。

标准文献分为国际标准、区域性标准、国家标准、行业标准等。按照成熟程度，标准文献又可分为正式标准、试行标准、推荐标准、标准草案等。

（4）专利文献。专利文献是一切有关知识产权文献的总称，它是一种利用法律制度保护发明人知识产权的文献产物。广义的专利文献包括专利申请书、专利说明书、专利公报和专利检索工具以及与专利有关的一切资料。狭义的专利文献仅指各国专利局出版的专利说明书。目前全世界每年公布的专利说明书约100万份，并以每年9万份的速度在增长。专利文献的特点是内容具体、可靠、详尽，具有新颖性、创造性和实用性。其专利说明书既是技术文件又是法律文件。

（5）会议文献。会议文献是指在国内外专业学术会议上所发表的论文、报告等。会议文献的主题较为集中，能够及时体现有关领域的最新发展的动态信息。许多会议结束后将会议交流的论文和报告收录到会议记录中，以图书或连续出版物的形式出版、发表。会议文献的特点是专业性强、内容新、学术水平高、出版发行较快。会议文献越来越为人们所重视，成为人们了解新动向、新发现的重要信息源。

（6）政府出版物。政府出版物是各国政府部门及其研究机构出版或发表的文献，内容无所不包，涉及人类生活的各个领域。其特点是政策性、综合性和指导性强，对于了解国家的科学技术政策、经济发展政策，以及把握科技、经济和社会发展的动向，是很有针对性的可靠信息来源。

（7）产品样本。产品样本是对定型产品或批量产品的性能、结构、原理、用途、使用方法、技术规范及产品规格等进行描述或说明的文献。产品样本包括各种产品目录、产品说明书和产品资料等。其特点在于图文并茂、形象直观、出版及时、更新迅速，反映的技术信息比较可靠，是了解产品及其生产技术、工艺的重要信息来源，对于企业的工程技术人员，尤其具有价值。其缺点主要是信息内容较为零散，不够系统、完整。

5. 虚拟数字信息资源

虚拟数字信息资源指以数字的形式生产与发行的信息资源。它是将文字、图像、声音、动态图像等多种形式的信息存储在磁带、磁盘、光盘等介质上，通过计算机输出设备和网络传送出去，最后成为用户计算机终端上的信息资源。随着互联网的发展，利用网络传递的数字信息资源的数量每年都以几何倍数增长，它在图书馆的信息化服务中占比越来越大。

虚拟数字信息资源与印刷型文献和非书资料相比，有其自己的特点：一是不受开放时间、收藏地点的限制，可随时随地存取。二是可以智能检索，不需要逐页翻查，方便、快捷。三是更新速度快，时效性强，虚拟信息资源可以随时跟踪、随时更新、及时发布。而传统的印刷型文献一旦出版发行，信息内容无法更改。四是可提供多层次的服务功能，如期刊目次报道服务、文件传递、信息发现、网上讨论等，这些服务功能扩展了传统出版物的职能，使数字资源得到更大程度的利用。五是信息类型多种多样。既有数据库、电子期刊、电子图书、电子报纸、专利等正式出版物，也有学位论文、会议文献、教学课件等灰色文献，同时涵盖了新闻组、电子公告板等非正式出版的信息。信息交流呈现多层次、全方位。六是以多媒体作为内容特征。集文本、图片、动态图像、声音、超链接等为一体，可具体、生动、全方位地向用户展示主题。七是存储介质与传播形式不同于印刷型文献。数字资源可将文字、图片、声音、动态图像等融合在一起，利用数字技术进行制作，存储在光盘、磁带、硬盘等载体上，同时以网络作为主要传播媒介，即利用光信号，实现同步传输。传播的信息量和速度远远大于印刷型文献。

虚拟数字信息资源的范围非常广泛，其类型多种多样，主要有下面几种类型。

（1）按照虚拟信息资源的功能与级别来划分。

①一次文献，即原始文献。它是指反映最原始思想、成果、过程以及对其进行分析、综合、总结的信息资源，如事实型数据

库、电子期刊、电子图书、电子报纸、发布原始性文献的学术网站等。通过一次文献，用户可直接获取自己想要的原始文献。

②二次文献。它是对大量一次文献进行加工、整理、浓缩、标引、著录，并予以有序化编排而形成的结果。二次文献便于用户利用一次文献使用，参考数据库、搜索引擎（分类指南）、网络资源学科导航等。

③三次文献。它是对二次文献所提供的信息进行综合分析、筛选、加工、整理的信息资源如"元搜索引擎"，其代表为Web-Crawler，当用户利用WebCrawler进行检索时，检索结果是各搜索引擎的检索结果。

（2）按照虚拟信息资源的产生途径来划分。

①商用电子资源，也称正式电子资源。它是由正式出版机构、出版商、数据库商出版发行的电子资源，包括各种类型的数据库、电子期刊、电子图书、学位论文等。这类资源是用户检索利用的主要学术数字资源。其特点是：学术信息含量高；有检索系统，使用方便；出版成本高，必须购买使用权才能使用，因此不免费对社会开放。

②网络公开学术资源，也称半正式出版物。它是各种学术团体、行业学会、政府机构、商业部门、教育机构等在互联网上正式发布的网页与信息。这类信息完全免费对社会开放。如图书馆发布的联机公共目录（OPAC）查询系统、网络学科导航资源库等。

③特色资源，也属于半正式出版物。主要基于各教育机构、政府机关、图书馆等特色收藏而建设的特色数字化资源。这类资源一般不对外免费开放使用。如学校的学位论文数据库、教学课

件等。

④其他资源，如新闻组、BBS、电子邮件、FTP 等，都属于非正式出版物。

（3）按照虚拟信息资源的类型来划分。

①电子期刊，指以数字形式出版发行的期刊。电子期刊分为两种类型，一种为印刷型期刊的电子版，内容与印刷版相同，但增加了许多功能、如多途径检索功能，超文本链接功能、投稿功能、利用电子邮件发送期刊最新卷期目次的报道功能等。另一种为完全依托计算机、网络和通信技术编辑、出版、发行的电子期刊出版物。

与印刷型期刊相比，电子期刊有如下特点：一是基于互联网产生、出版、发行、使用。二是出版周期短，时效性强。三是线上检索系统检索功能强，使用方便、灵活。四是具有超文本链接、期刊目次报道、投稿、讨论交流等多种功能。五是有偿服务与免费服务相结合，大多数电子期刊提供有偿服务，付费后可下载全文，少数电子期刊提供免费全文下载服务。六是不受时间、空间限制，可随时访问使用。七是可提供多种文件格式，如 HTML、PDF 等。八是更新速度快。另外，二者缺点是印刷型期刊的电子版回溯时间短，过早的期刊无法使用；电子期刊的存档问题仍是电子资源保存的一大问题。

电子期刊的服务方式大致有四种形式。一是出版商直接对用户提供服务。二是由服务商提供服务。即出版商与服务商之间签订协议，服务商收集不同出版商出版的电子期刊，统一提供检索平台，向用户提供服务，用户只要登录服务商提供的站点，即可使用电子期刊资源。如 EBSCO 公司的史蒂芬斯数据库、中国学术期刊数据库等。三是镜像服务。由出版商或服务商提供数据与服务系统，在本地建立服务器提供服务。如 Ekevier 公司在清华大学图书馆、上海交通大学图书馆建立的 SDOS 等。四是本地服务。出版商提供裸数据，用户自行开发服务系统，提供服务。如北京大学图书馆提供的 Kluwer Online 电子期刊数据库。

②电子图书，指以数字形式出版发行的图书。电子图书有两种类型，一种是印刷型图书的电子版。即对印刷型图书进行数字化扫描，使其转化成数字格式，并提供线上阅读。它保留了原印刷型图书的文字、插图、图表、照片等原貌，可实现全文检索。另一种是依托计算机、网络和通信技术编辑、出版、发行的电子图书。电子图书的优点是容量大、稳定性强、价格低、使用方便。缺点是图书阅读格式多样、版权解决方案尚不成熟。

③电子报纸，是提供在电脑上阅读使用的一种新型的数字化报纸。电子报纸的类型大致有两种，一种是印本报纸的电子化，另一种是纯电子版的报纸。其特点：一是快速及时，二是传播范围广，三是使用方便。

④参考型数据库，是指包含各种数据、信息或知识的原始来源和属性的数据库。它报道文献信息的存在，揭示文献信息的内容。参考型数据库主要包括书目数据库、文摘数据库、索引数据库等。书目数据库主要是针对书刊的内容与特征进行揭示与报道的数据库，如图书馆的馆藏机读目录数据库。文摘和索引数据库主要是针对期刊论文、会议论文、专利文献、学位论文等进行内容和属性的认识与加工，提供确定的文献来源信息，供人们查阅和检索的数据库。文摘和索引数据库一般不提供原始文献。如科学引文索引（SCI）、工程索引（EI）、中国社会科学引文索引数

据库（CSSCI）、全国报刊索引数据库等。参考型数据库从数据库的结构上看结构简单、数据规范性好、记录格式固定；从数据库收录的出版物类型来看，出版历史悠久，大多数数据库有对应的印刷型出版物；从数据库规模上看，数据量大，文献类型齐全，索引系统完备，语种多，出版连续性强。参考型数据库除可用来搜集文献的线索，使某一主题、某一学科的文献信息能快速、全面地被检索，除提供定题、回溯、最新目次报道等个性化服务外，还可用来进行各类统计与评估工作。

⑤事实型数据库，指包含大量数据、事实，直接提供原始资料的数据库。事实型数据库强调的更多是原始的事实、数字信息、图谱信息等，是一种非文献类型的数据库。它可分为数值数据库、指南数据库、术语数据库等。事实型数据库从它的数据结构上看，数据结构明显不同，有一元、二元、多元的参数结构，其描述方式有的仅为数字，有的还有文字、图形、图像、公式及计算程序，但在编排体例上千差万别，各有其特点和不同的应用领域。从数据库的使用范围上看，从人们的日常生活、事务处理、经济活动再到科学研究，各个领域都有涉及。从数据的质量上看，可靠性、真实性、客观性要求较高，有些科学数值库还列出了数据的误差估计、数据来源和实验条件。

⑥全文型数据库，即为收录原始文献全义的数据库。它包括期刊论文、学位论文、会议论文、法律条义和案例、图书等全文型数据库。全文数据库与其他电子资源相比其主要特点有：一是用户不必像参考文献库那样检索出书目信息后，再去查找原始文献，而是通过全文数据库就可以直接检索出原始文献。二是检索系统功能强大。除提供其他数据库检索系统的功能与方法外，还

具有全文检索功能、引文检索功能及相关文献的检索功能等，可以通过一篇文献的检索，获取许多相关文献与边缘文献。三是存储空间大。通常一年增加的数据量有几百千兆，因此，一般不在本地存储数据，而是通过互联网直接访问数据商或使用服务商提供的服务器进行网络检索与资源获取。四是文件格式多样。大多数全文数据库为 PDF 文件和文本文件两种格式。但我国出版发行的一些全义数据库也有其他文件格式，需要用不同形式的浏览器打开阅读。

⑦网络学术资源导航、学科知识门户站点资源。互联网上的信息繁杂多样，杂乱无序，难以被有效地利用，因此对互联网上的信息加以鉴别、筛选、整序，按其学科属性聚集在一起，为教学、科研、技术人员使用线上各类开放学术信息获取途径，将是图书馆工作人员义不容辞的责任。网络学术资源导航也因此而产生。网络学术资源导航是一种基于内容的资源导航服务，可节省用户上网搜索时间和网络通信费用，其主要特点有：一是针对性强。网络学术导航是以学科为基础，针对某一学科、主题、专业而建立的资源导航服务，它首先强调的是学科体系，具有很强的学科针对性。二是学术性强。网络学科导航是对互联网信息按照其学科性进行收集、筛选、鉴别、精选后而得来的，具有一定的学术性。三是规范化好。中国高等教育文献保障体系（CALIS）在各大专院校进行网络学科导航建设中有统一的规范和要求，因此，对搜集到的网站内容、类型的描述有一个统一的标准，具有一定的规范化。如武汉大学图书馆的重点学科导航库、美国加州图书馆的 LII 导航系统等为学科导航的建设提供了很好的范例。

⑧其他资源形式。互联网上其他资源形式也可为用户提供知

识与动态信息。如 FTP 资源、网站、BBS、博客、新闻组等。

⑨自建特色数字化资源。图书情报机构从自己的馆藏特色出发，如学科、地域、行业、时代、文献载体、文献类型、民族、语种、人物等，建设自己的特色数字化资源库，以提供特色化资源服务。

6. 通过馆际互借和文献传递服务方式获取的文献信息

图书馆在传统上被看成是"知识的海洋"。但在信息时代，任何一个图书馆，都不可能完整地、系统地将文献信息收集齐全。图书馆在着眼于本馆资源建设的同时，还应放眼于馆外资源，要与一些文献保障中心和图书馆建立文献传递协约，通过馆际互借和文献传递等方式享用其他馆的信息资源，以保障用户对文献的需要。如通过中国高等学校人文社会科学文献中心（CASHL）、国家科技图书文献中心（INSTL）、国家图书馆等开展的文献共知共享建设扩大自己的馆藏范围，提供更加全面的信息保障服务。

由此可见，加大对资源环境的建设，创立一个良好的资源环境，是未来图书馆发展的需要，更是用户获取信息资源的需要。

（二）图书馆文献信息资源建设的基本原则

随着社会经济的高速发展，信息资源日益增长，数量巨大，使图书馆犹如置身于信息海洋之中，但并非所有的信息都能作为图书馆的信息资源，图书馆的信息资源建设必须遵循一定的原则，以确保图书馆信息资源环境建设得以顺利实现。

第一，系统性原则。图书馆本身就是一个系统，系统内部之间、系统与环境之间存在着相互联系、相互作用的关系。文献信息资源与网络信息资源应统一于图书馆这一整体之中。系统的相互联系性，为我们进行资源建设提供了理论依据。在信息资源建设时，要特别注意图书馆资源体系中各要素的联系，注意图书馆与外界之间的联系。这就是图书馆信息资源建设的系统性原则。在信息资源建设的具体操作中，要注意知识的系统性、出版物的连续性和学科的完整性的建设。

第二，实用性原则。实用性原则是指图书馆从实际需要出发进行资源建设，最大限度地满足读者的需要。一方面，图书馆可以根据自己的服务任务来进行资源建设，不同类型的图书馆，其服务任务是不一样的，如国家图书馆是为中央和全国的政治、经济、科学和文化服务的，而高校图书馆主要是为教学和科学研究服务的。另一方面，图书馆可以根据服务对象的需要来进行资源建设，各类型图书馆都有自己特定的读者对象，各类读者的需求也是不一样的，因此，图书馆信息资源建设应根据自己的任务与用户的需求来扩大自己的馆藏。

第三，发展性原则。文献信息资源建设是一个不断成长的有机体，在建设中，应遵循发展性原则，有计划、有重点地发展和建设馆藏信息资源。具体地说，一要制定图书馆信息资源的发展政策与计划。要依据本单位的性质和任务，研究制定适宜的馆藏信息资源发展政策和发展规划，从宏观上指导信息资源的建设，例如，确定馆藏信息资源的最佳发展模式，制定在一定时期内信息资源的数量、质量、学科、等级、类型等发展目标，确定信息资源建设的重点发展领域。二要完善信息资源发展的标准和规范。信息资源的发展是一项延续性很强的工作。既要考虑历史因素的制约，又要考虑对未来产生的影响。因此，要对信息资源建设做出具体的规范，制定长远的发展目标，具体包括：制定馆藏信息资源发展与管理等有关职责；制定预算和经费分配比例，形成最佳馆藏信息资源体系的方法与途径；确定资源收藏的优先顺序；制定馆藏信息资源的评价指标等。三是优化馆藏信息资源的布局。人类的信息资源呈几何倍数增长，而图书馆的收藏空间、数字资源的存储空间受多种因素的影响，因此，必须优化资源的布局，如设立密集书库、建立贮存图书馆等，以提高信息资源的利用率。

第四，特色化原则。信息资源特色化是指一个图书馆的信息资源所具有的独特风格。特色化主要包括专业特色、地方特色、文献类型特色、文种特色。一个图书馆可以兼顾几个方面的特色。

第五，协调合作原则。协调性指各级各类图书馆在统筹规划的基础上，协调合作。在网络环境下图书馆将更多地考虑建立在本馆效益基础上的分工协作，将更多地强调服务提供者之间的合作和规模效应。如在资源建设时的联合议价、联合采购、文献传递、馆际互借等。

(三) 图书馆文献信息资源建设的措施

(1) 更新文献信息资源建设观念。图书馆必须改变以收藏文献种数、册数作为衡量图书馆规模、等级、服务能力的思想观念。一是要改变文献收藏单一载体的观念，变以印刷型版本收藏为主，转化为印本文献与电子文献并重收藏；二是要改变"大而全""小而全"的观念，建立信息资源协调共享的思想，走联合采购、合理布局、联合建库、携于服务的道路；三是建立以信息利用效果为评估图书馆工作标准的观念；四是要树立"用户至上"的观念。

（2）做好文献信息资源体系规划文献信息资源体系，是指由不同学科、不同文种、不同时间、不同等级、不同载体形态的文献信息资源以合理的比例所形成的，能够最大限度满足用户需求的有机系统。信息资源体系规划，就是指图书馆根据本馆任务和读者对象的需要，确定本馆信息资源体系的目标和原则，以及资源收集的范围、重点和采集标准，提出本馆信息资源构成的基本模式，制订信息资源建设计划。规划活动的重点是安排各类型信息资源，尤其是文献资源和数字资源的数量、比例、层次级别，形成有内在联系、有重点、有特色的信息资源体系。

（3）实施文献信息资源的选择与采集。根据已经确定的文献信息资源体系的基本模式，通过各种途径，选择与采集文献信息资源和数字信息资源，是信息资源建设的基础工作。从图书馆的实际工作来看，目前文献信息资源尤其是印刷型资源仍是其选择与采集的重点。与此同时，可根据条件和需要尽力搜集免费的网络资源，合理配置商业数据库资源。网络信息资源极为丰富，图书馆应以资源共建共享为契机，重视对网络信息资源的开发利用，由此扩展本馆的虚拟馆藏，提高本馆的服务能力。商业数据库资源是指图书馆通过签约付费，可远程登录、在线使用的数字信息资源。

（4）开展文献信息资源组织管理。图书馆文献信息资源的组织管理主要体现在两个方面：一是对本馆拥有的文献信息资源进行著录、标引、整序、布局、排列、清点和保护等工作，保证这部分信息资源始终处于有序高效的流动状态。二是对数字信息资源的整合管理，将图书馆商业数据库、自建数据库和网络免费资源整合起来，实现跨库检索，为用户提供一站式服务，提高资源的利用效率。

（5）加快现代化进程，建立图书馆计算机网络。在网络环境下，图书馆信息资源建设对计算机、网络的依赖程度越来越高，图书馆之间、图书馆与其他信息部门之间的联系越来越多，只有建立强大的图书馆网络，才能进行联合编目、联机检索、馆际互借、文献传递等业务，才能把国内外的最新信息传递给用户。

（6）加强宏观调控。国家应加强对信息资源的宏观调控，建立与知识经济相适应的管理体制，制定信息资源发展规划，协调各地区、各类型、各系统图书馆的信息资源建设，尽快制定《图书馆法》，为图书馆事业的发展和信息资源的建设提供法律保障。

（7）开发线上信息资源以建立虚拟馆藏。网络环境下的图书馆信息资源不仅包括现实馆藏，而且包括大量的从网上获取的虚拟馆藏。虚拟馆藏建设，首先，必须配备必要的信息技术设备，主要是计算机及通信设备。其次，必须加强信息搜集、整理、开发等方面的工作，由于因特网是开放型的全球网络，任何团体和个人都可以在互联网上添加信息。面对数量巨大、种类繁多、结构复杂的网络信息资源，用户可以自己去网海中搜寻满足自己所需要的网络信息非常困难，且容易造成重复劳动，浪费时间、精力和金钱，在这种情况下，图书馆应根据用户需求和本馆特色数据库的要求，将网上搜集到的相关信息通过相应的软件下载到已经设计好的数据库中，经过分析、组织和整理，从中提取出有价值的信息，过滤掉无用的灰色信息，最大限度地利用网上的有效信息丰富馆藏资源，提供满足用户需求、方便用户利用的网络信息资源。组建各种数据库和网上资源导航系统并跟踪其变化，定期对数据库的内容进行更新和补充，并与自建专题数据库融为一体，形成一个具有特色、内容充实的线上虚拟馆藏资源库供用户使用。网络环境下，虚拟馆藏已成为图书馆重要的信息源，是图书馆信息资源建设的重点。

（8）走信息资源共建共享发展之路。随着社会信息化、网络化的不断发展，不能再以拥有多少图书文献作为衡量现代图书馆规模、质量的唯一标准，而要看它能为读者提供多少有价值的文献信息。图书馆文献信息资源建设必须坚持"整体规划、合理布局、优化结构、相对集中、突出重点、联合保障"的方针，改变过去那种分散发展的、小而不全的、传统封闭式的收藏文献观念，合理配置文献信息资源，通过网络系统互联实现信息资源共享。由于网络技术的发展和数字图书馆的构建，图书馆之间可以通过网络实现联合编目、联合采访，参与合作的图书馆之间真正实现了馆藏互查及文献传递。图书数字化及信息化、网络化终于实现了馆际之间的优势互补、互通有无，使信息资源短缺的不足得到弥补，也使图书馆资源得到最大程度的利用。现代图书馆应加强文献资源库的建设，加强馆际间的交流与协作，发挥图书馆界的整体优势，走文献资源"共建、共知、共享"的发展道路。

（9）加强馆藏特色化建设。图书馆如果没有特色信息资源，将难以吸纳读者，从而失去其存在的价值。网络环境下的图书馆只有形成独具特色的馆藏，做到资源互补，才能充分发挥实体馆藏资源和虚拟网络资源的积极作用，使信息资源真正具有实用价值。图书馆文献信息资源的特色化建设，要在立足重点学科原始文献收藏的基础上，构建体现专业特色的核心藏书保证体系。所收藏的重点学科文献要有系统性、完整性和权威性，达到研究级水平；同时要保证品种齐全，减少复本，使其形成本专业的特色。建立特色数据库，为用户提供个性化信息服务，以满足专业特色、地方特色等的需求，这样，图书馆的服务才有更广阔的发展空间。

（10）培养高素质图书馆馆员队伍。在网络环境下，图书馆馆员的工作对象是数字化信息和知识，工作的工具是计算机和网络，提供的是深层次的服务，开发的是深层次的信息产品，同时还担负着社会教育的职能，尤其是如何获得信息知识的技能教育，这就对图书馆馆员的素质提出了更高的要求。

图书馆应根据本馆现有人员的具体情况，结合工作要求，有计划、分层次、有针对性、不间断地对在职人员进行继续教育和培训，以提高图书馆馆员的整体素质。坚持培养与引进相结合，一方面，要以现有人员素质的提高为主，增强自我造血功能，培养既熟悉图书馆知识又掌握现代化技术和外语知识及其他相关学科知识，符合图书馆发展需要的中、高级管理人才和研究人才；另一方面，应从各图书情报专业的优秀毕业生中引进这方面人才，以加快信息资源建设的步伐。

（11）合理分配、使用馆藏购置经费。网络环境下的馆藏购置经费不应仅仅用于文献采购，而应延伸为网络资源保障经费。因此，图书馆要改变传统的馆藏购置经费使用观念，合理分配经费。既要把有限的经费用于本馆重点学科文献的建设，形成自己的馆藏特色，保证传统馆藏文献实体的连续性；又要把一部分资金投入到图书馆现代化建设、图书馆网络资源获取和数据库建设中，只有全面考虑、合理配置，才能用有限的经费最大程度地满足读者的信息需求。

（12）信息资源建设需处理好各方关系。文献信息资源建设是图书馆开展一切工作的基础，是图书馆开展其他工作的保障。因此，在现代图书馆的信息资源建设中必须处理好以下几种关系：

一是印刷型文献与电子文献的关系。印刷型文献目前还是图书馆馆藏文献的主体，数字化电子文献代表着馆藏信息资源建设的发展方向。在图书馆信息资源建设中，要正确处理好印刷型文献与数字信息资源的收藏关系，立足本馆实际，调整好两种类型文献的收藏比例。既要立足现实，又要考虑信息资源建设的发展趋势，兼顾收藏，相互补充。

二是本馆收藏与他馆收藏的关系。网络数字时代的到来，打破了图书馆的围墙界限，图书馆信息资源建设的显著特点是馆内资源与馆外资源并用。因此，在图书馆信息资源的建设中，在正确处理好馆内资源建设的同时，还要加强与其他信息文献中心的合作与交流，利用良好的网络环境，开展馆际互借与文献传递服务，补充自己信息资源的不足的地方，提高文献保障率。

三是一般馆藏与特色馆藏的关系。特色馆藏建设一直是图书馆常抓不懈的一项工作。图书馆如果没有特色，就很难吸引读者，图书馆的作用就难以得到充分发挥。所以在图书馆信息资源建设中，对于特色馆藏建设，要坚持完整性、系统性，保证品种，减少重复；对于一般馆藏建设，应坚持稳定性、实用性，精选文献，配置适当文献。

四是资源建设的数量与质量的关系。在图书馆信息资源的建设中，应从实际出发，控制信息资源数量，提高信息资源质量。实用性原则的本质是针对实际使用需要建设信息资源，它不以信息的多少为衡量标准，而以建立符合实际使用需要的、规模适度的、高质量的信息资源体系为宗旨。特别是对于网络资源而言，由于资源的质量良莠不齐，网络信息资源的建设将面临更大的挑战。

三、图书馆设施资源建设

图书馆设施资源也可称为图书馆服务设施资源，是图书馆服务资源一个重要的组成部分，是图书馆服务系统组成中的人力资源维系文献信息资源与用户文献信息需求的重要媒介，其主要作用是为图书馆文献信息资源体系的形成、维护、发展和开发提供支撑环境和条件，为图书馆用户利用文献信息资源提供便捷手段，为图书馆管理提供物质基础。

图书馆设施资源由以下几个部分组成：一是图书馆建筑，包括馆舍本身及附属的建筑设备，如照明设备、空调设备、供暖和制冷设备、消防设备。二是各种家具设备，如各种书架、阅览和办公桌椅以及柜子类设备。三是电子技术设备，如计算机设备、照相缩微设备、视听设备、复印设备、通信设备等。四是传送设备，如运输车、书车、机械传送系统等。五是藏书保护设备，如装订设备、防尘防潮设备等。六是现代图书馆具有的新型设备（即各种软件设备），包括图书馆文献管理系统、电子阅览室管理系统、办公自动化软件，这是一种比较特殊的设备，与一般的物质形态的设备有很大的不同，一般价值较高但又以无形的状态出现，可能还需要不断地升级维护。

（一）图书馆设施资源的特点

设施作为图书馆的有机组成，既和图书馆的其他资源有本质上的区别，也与一般企业生产产品的原材料这类资源有很大的不同。总的来说，图书馆资源具有以下特点：

第一，价值量大。馆舍和设备是图书馆固定资产的重要组成部分，它们在图书馆总资产中占有相当大的比例。现代图书馆，无论是图书馆馆舍还是现代化设备，都需要很大的投入。作为主要由国家财政投入的图书馆事业，设施资源是国有资产的一部分，因此，无论从为用户服务的角度，还是从科学管理国有资产的角度，我们都要重视对图书馆设施资源的管理。

第二，技术含量高。馆舍和设备是多种科学技术运用的结果，比如现代图书馆的馆舍，集中体现了建筑科学、材料科学、计算机科学、通信科学等众多学科和技术的成果，是现代科学技术的集中体现。

第三，部分设施资源更新速度快。由于科学技术的迅猛发展，图书馆应用的部分设备，其更新速度相当之快，特别是信息存储设备和计算机设备，可以说是日新月异。前些年广泛讨论的缩微设备，目前已经是淘汰的技术。

第四，社会化程度高。现代建筑和现代化的设备不是一家一户能建造和生产出来的，而是社会化协作的产物。同样，馆舍和设备的使用、维修、改造也不是某一单位就能做好的。因此，图书馆设施资源的管理必然走上社会化、专业化的道路。

第五，设施资源仍然是决定图书馆服务容量的重要因素。无论是图书馆建筑还是计算机设备、阅览桌椅、书架、视听复印设备以及其他附属服务设施，它们都是图书馆接待用户，提供服务水平和质量所必需的。

(二) 设施资源管理的内容

图书馆设施资源管理的对象是图书馆舍、设备和家具等，具有自己的独特性。虽然管理工作由几个部分组成，如建造、购置、保管、使用和维修等，但并不是简单地将各项工作做好就行。设施管理是一项整体性工作，如果采取遇到问题才解决、平时没事可做的方法是不可能将工作做好的。设备管理原则是管理工作所应遵循的基本常规，按原则推进工作才能保证工作的顺利进行。这些原则主要有：效益原则、人力和物力并举原则、分级管理原则、低档和高档设备比例合理原则。效益原则即设备的价值是在服务过程中体现出来的，为用户服务获得效益的多少体现着管理水平的高低。人力和物力并举原则是在硬件建设投资时，重视对人员的培训。分级管理原则是把设施的管理责任分级交给使用人员和维护人员。低档和高档设备比例合理原则是基于设备的配备合理，不会因功能不匹配而造成设备闲置。

设施资源管理具体分为技术管理、人员管理、计划管理、制度管理。

1. 技术管理

图书馆设施管理的最基本要求是将设施维护到位，满足现代图书馆各项工作开展的需要，充分为教学、科研、生产服务。做好技术管理工作，是做好设施特别是设备使用的前提。技术管理内容包括：各种设备技术资料的整理保管、分析，设备运行故障及维修的记录，使用和操作人员的培训，设备的安装、调试及申请报废等内容。技术管理工作是一项常规性的工作，图书馆设备较多，有必要建立一支技术力量较全面的专兼职设备管理队伍。设备的技术管理工作在设备使用不出故障时显得并不重要，但在设备的使用过程中，特别是在网络环境中一旦出现设备技术等问题，就显得很有价值了。因此，图书馆必须引进专业技术人员，加强对原有专业技术人员的业务培训。

2. 人员管理

随着网络化和数字化的发展，图书馆急需现代设备管理人才。设备管理人员应具备管理学、统计学、计算机专业理论、文献信息学专业知识和组织协调能力，以及对新技术的消化吸收能力，另外还要具有基本的安全知识和安全防范意识。

在选拔设备主管人员时，要坚持高标准、严要求、重真才实学的原则，尽量选择专业水平高、责任心强、现场经验丰富的年轻工程技术人员。另外，还要定期对在职人员进行技术培训和专业知识技能培训。

3. 计划管理

计划管理要求设备管理人员考虑近期和长远两方面的因素，使图书馆的设备建设有计划地进行。如制订设备采购计划、设备升级计划、备件备品库存计划。计划的制订要本着低档和高档设备比例合理、尽量减少设备的闲置等原则，同时要有相应的检查考核制度与之匹配。

4. 制度管理

为使管理工作有章可循，保障各种设备的正常运行，建立一整套管理制度是非常必要的。例如，建立设备管理人员和设备使用人员的责任制、工作制及设备的采购、验收、安装、使用、保管、维修、淘汰等制度，制定设备使用交接和培训制度，制定设备的定期检查和维修制度。形成科学而有效的设备管理模式，有力地保证各种现代化设备的正常使用。

从服务资源的角度分析，图书馆的人力资源就是指由训练有素、知识渊博的图书馆专家和其他图书馆工作者组成的馆员队伍，同时也包括在图书馆服务工作中可以利用的用户资源。人力资源可以说是图书馆生产力要素中最重要、最活跃的资源。

图书馆资源在其运行过程中,其内部和外部各要素之间相互联系、相互制约、相互促进,各资源在运行上环环相扣,存在很大的依存性,某一资源要素的运行一旦出现差错,将会影响其他要素运行。图书馆资源运行效率的高低将直接影响到整个图书馆功能的发挥及其效益。

当今,信息技术飞速发展,三大资源正在逐步融合,特别是在当前网络环境下,数字图书馆发展迅猛,图书馆资源走向集成化发展。例如图书馆自动化系统,其硬件、软件、数据库缺一不可,它已实现了各类资源的重新整合,这从一个侧面说明了图书馆资源的联系性,要求我们在实际工作中对图书馆各类资源的配置不能有所偏颇。

四、图书馆服务资源的共享对策

在数字技术和计算机出现之前,资源共享仅限于以印刷型文献为主的馆际互借互赠、书本目录的交换等。现代的文献信息资源共享,是指图书馆机构采用以计算机技术为核心的现代技术,对文献信息资源进行存贮、检索和传递,快速为全社会的用户提供他们所需的本馆以及全世界各馆的文献信息资料,实现真正意义上的文献信息资源共享。这种含义的文献信息资源共享,是现代图书馆的重要特征。如果图书馆不根据用户需求的变化及时调整策略、改进自身的馆藏建设,图书馆将会失去众多信息用户,图书馆在信息领域传统的核心地位将会受到威胁。另外,现代图书馆服务资源共享的内容更广泛,它们还可以是人力资源,如资深的图书馆馆员以及相关的信息设备。图书馆联盟中的各成员馆可以充分共享具有信息资源管理、计算机网络应用、外语以及其他学科的专业人才,对于小型的成员馆可以通过网络共享这些人力资源，为共同的用户提供服务，如联合参考咨询中就充分利用了人力以及设备的共享，实现了优势互补。

图书馆服务资源共享的对策如下：

第一，加强人力资源建设。现代图书馆越来越多地引入了电子设备、信息资源和新的应用技术，需要大量的高素质、复合型图书管理人才，所以图书馆应在培养具备多学科、专业能力强、具有创造力、开拓型人才上下功夫，不断更新知识和技术能力，提高综合素质和水平。同时还要加强进行学科前沿信息的整理分析，对地方特色文献信息的集散进行研究，建立学科前沿和具有地域特色等不同门类的数据库，为实现资源共享奠定基础。

第二，加强政府宏观调控功能。图书馆实现资源共享是一项整体性的系统工程，在网络、技术、管理等诸多方面，需要进行多学科的优势互补，甚至与国际接轨，而这必须由政府出面进行统一规划、组织和协调。对图书馆的建设、规划和协调进行导向，进一步建立和健全宏观调控机制，使图书馆的建设统筹规划、分工合作、互通有无、优势互补，进一步提高我国图书馆建设的水平，减少重复建设，避免人力物力财力的巨大浪费。

第三，加强技术标准体系规范的研究和制定。为了和国际接轨，我们应优先采用或等效采用国际标准和通用规范。数据的标准化和规范化是实现图书馆资源共享的前提和根本保证。图书馆实现资源共享需要多个标准之间的联系和协调，需要建立有关的标准体系，需要多种文献格式的描述标准、元数据的定义标准、各种代码和标识符的定义标准、文献类型描述标准、软件接口标准等，在同一标准要求的平台上进行信息加工，才能保证信息产品的一致性和共享性。

第四，重视特色资源数据库的建设，开展多样化的信息服务。数字化与特色化是现代图书馆必须同时拥有的两个方面，失去了特色化，它不仅会浪费大量的人力、物力和财力，而且会在竞争中失去优势，竞争乏力。图书馆的信息资源应该是具有高价值的、有序的、标准的特色文献资源。应遵循特色化原则，选择本馆独有的、具有地方资源优势的馆藏资源进行开发，把握特色馆藏的精华，进行数字化，建设特色数据库。依靠先进的信息技术建立高效率的电子文献传递服务系统，开发在网络环境下文献传递服务的新模式。建立以最终用户为服务目标的新型管理和服务形式，在技术实现上提供专业化和个性化的服务，提高对用户需求的满足率及馆藏文献的整体利用率。

第五，加强联合开发，建立共享基础。图书馆资源共享建设是一项浩大的系统工程，需要国家总体规划，各有关部门或单位分工协作，不仅需要国内各行业、各地区的合作，甚至还要同国际上的合作。成立跨部门、跨行业、跨地区的组织管理协调机构，采用独立开发、合作开发、联盟开发信息资源相结合等方法，明确利益分配原则，把馆际互借、联合编目、数据库建设等项目统筹起来，使各方的权益得以体现，实现图书馆之间的协商与合作。

第六，加强对版权标准化建设和数量的管理。加强增强法律、知识产权、存取权限、数据安全等问题的研究，制定相关法律，通过立法来保护著作权人的权益。开发和创立数字版权管理技术。加强政府宏观调控的力度，制定相应的政策和法规，避免重复建设、技术与标准、版权、运行机制等失误的出现。

第三章　现代图书馆个性化服务研究

　　个性化服务是 20 世纪 90 年代出现的一个全新的服务理念，它很快成为信息服务领域研究的一个热门话题。个性化服务早已成为数字化环境下信息服务机构的重要发展方向，甚至成为信息服务机构可持续发展的关键因素，当前，个性化服务延伸到了很多领域，如新闻网站、信息检索系统、资源推送系统等，图书馆作为服务社会的文献信息中心、学习中心，针对用户需求开展个性化服务就显得尤为重要和迫切，个性化服务作为数字环境下图书馆特色服务的进一步深化，摆脱了传统思想的束缚，为图书馆的生存与发展带来了新的思路与希望。在数字图书馆领域中，也需要研究用户的行为和习惯，对不同的用户采取不同的服务策略，从而使其信息需求得到最大限度的满足，已经成为深化和拓展图书馆服务的迫切要求和图书馆界需要解决的重要课题。本章内容包括图书馆个性化服务界定、图书馆个性化服务的方式、图书馆个性化服务的实现对策、图书馆个性化服务新方向：情景感知。

第一节　图书馆个性化服务界定

个性化服务的实质是一种以用户需求为中心的服务。在图书馆领域，个性化服务又被称作个性化信息服务或个性化定制服务。它不仅可以有效地解决用户"信息过载"和"信息迷航"问题，而且还可以极大地提高图书馆的服务质量和资源的利用率。信息的个性化服务是相对以往整体式服务而言产生的一种新型服务方式，它的出现虽然只有短短几年的时间，但已经成为当代图书馆新型服务模式的主流。目前，个性化信息服务还没有统一的定义，人们对个性化含义的理解及当前个性化服务技术机制认识的不同使不同学者对个性化信息服务给出了不同的描述。

个性化信息服务是指能够满足用户个体信息需求的服务，即根据用户提出的明确要求所提供的信息服务，或通过对用户个性、使用习惯的分析而主动向用户提供其可能需要的信息服务。

个性化信息服务是基于信息用户的信息使用行为、习惯、偏好和特点来向用户提供满足其各种个性化需求的一种服务。

个性化服务强调围绕用户需求开展各项服务工作，具体而言，图书馆个性化服务是指图书馆提供的、以用户灵活多变的个性化需求为轴心的，面向知识内容、融入用户决策过程并帮助用户找到或形成问题解决方案的增值服务。准确地说这种个性化服务是一种知识服务，它不同于图书馆传统的信息服务，图书馆传统的信息服务只停留在对信息的积累、简单加工和信息传递之上，是一种低层次的服务方式；而个性化服务重在知识开发和利用，突出需求服务的理念，充分重视服务过程中的智力参与，增加服务中的知识因素，实现服务增值，使服务成为发现和培育新想法、新思维的过程，这是一种高层次的服务①。

作为互联网络的使用者，每个人可以按照自己的目的和需求，设定线上信息的来源方式、表现形式、特定功能及其他的线上服务方式等，以达到最为方便快捷地获取自己所需的线上信息服务内容的目的。

从上述的观点可以看出，个性化服务是图书馆提供的能满足个人信息需求的一种服务，是一种基于图书馆用户的信息使用行为、习惯、偏好、特点及用户特定的需求来向用户提供满足其个性化需求的信息内容和系统功能的一种服务模式。

关于个性化服务的内涵，一般认为可以从以下几个方面较为全面地把握。一是服务时空的个性化。突破传统的时间和空间的限制，享受服务的时间地点由用户自己决定。二是服务对象的个性化。它既可以针对单独的个体，也可以是具有相同特征的特定群体，因为同一层次、类型、地位、生活背景下的个体有着相似的信息需求。三是服务内容的个性化。它随着用户信息需求的发展而发展，所提供的服务不再是千篇一律，而是各取所需，各得其所。它既可以满足用户的专业需求，也可以满足用户的临时性需求。四是服务方式的个性化。它立足于用户的信息使用行为、习惯、偏好、特点和特定的信息需求，可以根据用户的个人爱好或特点来开展服务。五是服务目标的个性化。它包括为用户提供信息内存和系统服务两个方面。六是服务支撑技术的个性化。它

①　袁明伦. 现代图书馆服务 [M]. 成都：四川大学出版社，2013：196.

是动态的、不断发展的。它既可以包括目前支持图书馆线上个性化信息服务所需的 Web 数据库技术、网页动态生成技术、数据报送技术、过程跟踪技术、数据加密技术等支撑技术，又包括智能代理技术等其他支撑个性化信息服务技术的研究及其应用。

第二节　图书馆个性化服务的方式

一、个人图书馆（个人书架）方式

个人图书馆是一个完全个性化的私人信息空间。个人图书馆包括用户个人文献、资源链接、服务功能等几个部分。个人文献用来组织数字化的私人藏书，形成"我的图书""我的论文""我的读书笔记""我的电子邮箱"等有组织的资源类型。资源链接用来汇集用户常去的资源站点，包括"我的数据库""我的搜索引擎""我的大学""我的网上书店"等各类资源网站。服务功能用来定制数字图书馆网站上的各类用户所需要的服务，包括"我的图书馆""我的帮助"等。

建立个人图书馆，数字图书馆首先要为读者建立个性化的信息资源库，即私人数据库，在为用户提供个性化服务的过程中，要让用户感觉到是在"自己"的图书馆中查找资料。目前，上海图书馆推出的"我的图书馆"就是基于这种服务理念的，它允许数字图书馆的读者将数字图书馆馆藏中符合自己需要的数字信息，下载到自己的电脑硬盘中，使其成为自己的信息资源库，以此建立私人数据库。其次，数字图书馆根据用户需求及资源本身的特点，对可提供的资源及服务进行分类组织，形成多个资源与服务模块。用户可根据自己的需要从中选择内容或添加相关内容。用户定制的数据一般存放在服务器端的数据库里，在用户登录时系统确认用户身份后，会直接调用相关定制信息，并利用定制信息匹配系统数据，动态生成个性化的页面。用户通过对系统界面、资源集合、检索工具与技术、系统服务等的定制来创建个性化界面以及对图书馆及网络资源与服务的链接。系统则通过提供个人文献编辑工具来创建、组织、加工和维护用户的个人文献（如个性化图书、个性化论文、读书笔记等），构筑信息时代的"私人藏书楼"。

二、个性化检索方式

个性化检索是数字图书馆用户检索数字图书馆资源的入口，它通过个性化检索工具来实现。个性化检索工具是实现个性化检索环境的工具，它为用户信息检索的全过程提供支持和智能帮助，包括用户需求的提取、信息匹配、检索结果输出等。在数字图书馆个性化服务系统中建立用户的个人档案时，可依据用户档案将用户进行分类；在用户检索时，对于相同的检索条件输入，给用户提供其感兴趣的内容，并将其他内容剔除，反馈更加符合实际需求的结果。例如，对相同的检索条件，系统反馈给某领域专家的内容应该和反馈给此领域初学者的内容不同。

一般来说，个性化检索系统应具备智能学习与扩展的功能。智能学习与扩展的功能（即预测能力）是指通过对用户使用以来系统所接收到的信息进行分析及预测，探索未知领域，或者发现用户潜在的兴趣，再将信息主动提供给用户。这样既节省了用户的时间，同时为用户提供更准确、更有针对性的信息。

三、个性化信息咨询方式

现代计算机与网络技术的发展与应用大大地扩展了人们的信

息交流与信息反馈渠道。如此一来，数字图书馆的个性化服务系统可以利用先进的技术与服务理念为用户提供在线的咨询和帮助服务，随时随地满足用户的个人需求，提供更便捷、更优越的信息咨询服务。

数字图书馆个性化服务系统可以为用户提供多种咨询服务方式，包括用户自助咨询（如 FAQ 常见问题解答、BBS 咨询）和专家咨询（馆员咨询）两个方面。用户按照自己的意愿和特定的要求可进行定制，形成"我的咨询馆员""我的咨询专家""我的 BBS""我的 FAQ"等多种渠道，用户还可对咨询结果的提供方式提出自己的要求。

数字图书馆使线上定题咨询服务（SDI）更加便捷。定题咨询服务指针对用户的科研及教学等信息需求，根据用户事先选定的专题，通过跟踪最新的信息资源，为用户定期或不定期提供信息的服务方式。

传统图书馆时期，定题咨询服务的工作难度比较大，其主要原因是信息流通渠道不畅，与用户有时间和空间的距离。在数字图书馆环境下，对有难度或规模大的咨询项目，图书馆可利用网络开展协作咨询，组织来自不同机构或部门的专家形成一个项目小组，利用集体的智慧进行服务。同时，利用推送技术，图书馆可以通过网络主动及时地将最新信息递交给用户。

四、信息代理和推送服务方式

信息代理和推送是现代图书馆为用户提供智能化服务的一个窗口，包含代理和报送两个过程。

信息代理实质上是一个能够自动搜索用户所需信息的代理软件，是智能代理技术在数字图书馆中的运用。信息代理系统在数字图书馆中充当用户的代理，它跟踪分析用户信息需求，自动搜索相关信息并提交搜索结果，为用户访问线上信息资源提供导引。一方面节省了时间，解决了用户对信息检索不熟练的问题；另一方面，提高了查全率和查准率。当用户的检索要求暂时无法满足时，交由代理来处理，条件满足时再反馈给用户。

数字图书馆信息代理服务主要面向本馆合法用户。由于个人隐私问题，并不是所有的用户都愿意递交个人资料，并使自己的网上活动一目了然地处于自动跟踪软件的监控之下。因此，应由用户自由选择是否开通。用户填写需求表，通过网络递交来开通信息代理服务。用户需求表可以涵盖用户兴趣爱好、文化程度、专业领域、个人要求等多方面的内容。

信息推送是互联网发展的一种新的主动服务方式，指按照用户提供的检索条件，将资源库中的最新信息及时通知用户的一种服务。因为各类网站（尤其是学术资源类网站）内容并不都是日日更新，读者不愿意每日浏览相关网站。图书馆以网站内容变化为提示内容，当读者关心的网站在内容方面发生变化时，图书馆便会主动地把相关的最新消息推送给读者。近几年，已开发出一些最新信息的跟踪工具，它们可以推送 Web 上的各种信息，包括网页信息的变化、搜索引擎新的检索结果以及最新新闻内容等。例如：CALLS 中心引进的 Uncover Reveal 最新信息跟踪和文献传递服务，用户个人可提供 25 个关键词和 50 种以内的期刊名，以及自己的电子邮箱，系统每周将更新的匹配文献信息发送至每个服务对象的电子信箱中。中国人民大学信息学院和图书馆开发的"数字图书馆个性化推荐系统"，既能按照用户的定制要求提供资源，又能跟踪和学习用户行为，自动采集用户兴趣，并动态跟踪用户兴趣的变化，从中分析出用户的新喜好，进行新的推荐。

数字图书馆应利用信息代理和信息推送将各种个性化信息服务有机结合起来。一方面，用户的个人定制数据、线上信息检索行为、线上咨询的课题及问题等都可成为用户特定信息需求的获取渠道；另一方面，信息代理为用户自动搜索到的信息资源可自动发送到用户的电子邮箱，成为个人图书馆中相关文件夹下的内容。

五、个性化垂直门户特别服务方式

门户（Portal）是互联网建设中被赋予新意的一个概念，原意是指正门、入口，现多用于互联网的门户网站和企业应用系统的门户系统。

广义的门户是指一个应用框架。它将各种应用系统、数据资源和互联网资源集成到一个信息管理平台之上，并以统一的用户界面提供给用户，使企业可以快速地建立企业对客户、企业对内部员工和企业对企业的信息通道，使企业能够释放存储在企业内部和外部的各种信息。

狭义的门户指门户网站。门户网站是指通向某类综合性互联网信息资源并提供有关信息服务的应用系统。门户网站最初提供的是搜索引擎和网络接入服务，后来由于市场竞争日益激烈，门户网站不得不快速地拓展各种新的业务类型，希望通过门类众多的业务来吸引和留住互联网用户，以至于目前门户网站的业务包罗万象，已成为网络世界的"百货商场"或"网络超市"。从现在的情况来看，门户网站主要提供新闻、搜索引擎、网络接入、聊天室、电子公告牌、免费邮箱、影音资讯、电子商务、网络社区、网络游戏、免费网页空间等。在我国，典型的门户网站有新浪网、网易网和搜狐网等。

门户有两种基本类型：水平门户（Horizontal Portals）和垂直门户（Vertical Portals），也称作综合（传统）门户和专业（行业）门户。

水平门户（Horizontal Portals）是集中了种类繁多的产品的门户。如雅虎网就是水平门户，雅虎链接的内容广泛而全面，覆盖各行各业。

垂直门户是相对雅虎网这样的传统门户网站而言。"垂直门户"更专注于某一领域（或地域），如 IT、娱乐、体育，力求成为关心某一领域（或地域）内容的用户上网的第一站。垂直门户经营专门产品，如钢材、化工、能源等，如 Metal　Site 是专门买卖金属的垂直门户，而 Che　Match 是专门经营石油化工和塑料制品的垂直门户。

垂直网站的特色就是专一。他们并不追求大而全，只做自己熟悉领域的事，是各自所从事行业的权威专家。他们吸引顾客的手段就是做得更专业、更权威、更精彩。他们也用广告宣传自己，他们太了解这个行业了，只需吹灰之力，就可以让顾客们知道：网站又开新栏目了，又推新产品了……

垂直网站的顾客也不是普通的顾客。他们基本上都是该行业的消费者。每一名顾客的购买力，都要比综合网站顾客的平均水平高出许多倍。所以，垂直网站常常能以比综合网站少得多的访问量换来更多的广告。

数字图书馆个性化信息服务除了面向个体提供服务外，还可以面向特定群体提供服务。但数字图书馆既没有必要也没有精力去建立像雅虎、搜狐、新浪之类的水平信息门户，因此，建立和提供垂直信息门户应该是一个理想选择。美英等国开发的 MyLi-brary 系统，都很注意与学生的专业及学校的学科建设相结合，构筑课题化的垂直门户。

数字图书馆可根据本馆的任务及服务重心来建立面向特定群体的垂直门户，通常可以从下列几个方面来构建：一是面向专业领域，构筑课题化平台或建成各专业数字图书馆，如哲学图书馆、艺术图书馆、建筑图书馆等。二是面向用户的年龄、性别、学识，如建立老年图书馆、专家图书馆、女性图书馆等。三是面向特色化馆藏及特定的信息载体，如图片图书馆、古籍图书馆、影视图书馆等。个性化垂直门户的建立可根据具体情况来构建一个或多个。

数字图书馆的个性化垂直门户建设，务必要做到一站式服务，以满足用户在本领域全面的信息需求。因此，在资源建设上要尽可能全面搜集本领域的相关信息资源。通过有效的组织形成有序化的信息空间，要通过适当的加工提供增值信息服务，同时要集成必要的服务工具，如专业化搜索引擎等，提供优越的信息检索界面与功能。

第三节　图书馆个性化服务的实现对策

个性化信息服务虽然是现代图书馆的发展方向，可以极大程度地满足用户需求，提高数字图书馆的服务效益，但它同时也是一项极其复杂而麻烦的工作。目前，个性化信息服务在图书馆领域还处于探索和发展阶段，要成功地开展个性化信息服务工作，图书馆必须从多方面做出努力。

一、积极改善图书馆个性化服务的信息环境

数字图书馆有着多种用户类型，不仅有学术型用户，还有基础型、娱乐型等用户，用户的个性化信息需求也更复杂。用户期望的不仅仅是检索、过滤、参阅图书馆资料，他们更愿意把数字图书馆作为自己的个人信息空间。数字图书馆要想为用户提供全面的个性化信息服务，就必须为用户的各种特定需求构建个性化的信息环境。通常，图书馆的个性化信息环境由以下四个部分组成：

（一）个性化资源环境的改善

用户因其学习和研究的需要，往往希望构筑个性化的资料环境，来收集自己学习和生活中可能需要的各种资料。一方面，用户在数字图书馆发现有用的图书或期刊论文，要求将其下载成为自己定制的资源，分类保存在特定的文件夹。另一方面，用户要对所获取的资料根据自己的需求进行加工、组织与整理，以方便直接利用，如进行节选、归并、删除、评注和写读书笔记等主动性学习活动。数字图书馆有必要为用户的这些活动提供平台。

（二）个性化检索环境的改善

信息检索是最普遍的图书馆用户行为，因此信息检索工具的检索质量和效率也是用户极为关注的问题。个性化的检索环境不仅仅是按用户的习惯来定制检索工具，更主要的是为用户提供检索帮助。如何提取用户需求，用最合适的主题词来构筑准确的查询检索策略，是信息检索成功的关键所在。

用户在遇到特定的信息需求时，一般都是通过搜索图书馆资料的检索工具把用户需求具体化成特定的查询。通常，这个查询会是带有布尔逻辑词汇及语义符号的短语集合，这些查询没有考虑用户当前的信息需求就被送至图书馆搜索引擎，往往因检索结果不尽如人意而要求重构检索式。同时检索结果的界面缺乏组织，不仅造成确认图书馆资料困难，而且浪费了宝贵的时间。在个性化检索环境中，它可以利用描述图书馆资料使用的个人文献、用户兴趣文件、用户日志文件中发现的信息来执行检索。它分两步进行，首先，当用户构造一个查询时，通过交互、内在地修改检索式来使查询更能确切地满足用户当前的信息需求；其次，通过用户的特定要求与意愿的分类来形成最后的查询结果，如按相关度排列等。

（三）个性化过滤环境的改善

信息过滤是根据用户的信息需求对动态信息流进行过滤，把满足用户需求的信息传送给用户，消除不相关的信息，从而为用户提供准确的信息服务。尽管信息检索与信息过滤存在许多相似性，但两者的显著区别在于信息过滤必须记住并根据用户个人的要求和兴趣进行个性化的输出。信息过滤通常分为三步：第一，获取用户兴趣与要求；第二，识别合适的信息源；第三，在适当的时候以友好的方式把结果递交给用户。个人文献及用户文档是信息过滤的基础，不管用户信息文档怎样更新，系统总能根据这些文档执行过滤，用户信息文档中的关键词、短语及相关信息是用来获取用户兴趣和要求的途径。

信息过滤可以通过计算相关度来进行，通过计算用户信息文件中关键词和短语的数量，并给出表示这些关键词或短语的重要程度的权值，设定一个网值。当我们对某一图书资料中出现的所有包括在用户信息文件中的关键词及短语进行总权值计算时，若是超出了设定的阈值，该资料就会命中输出并被自动加入到用户个人文献中。

（四）个性化服务环境的改善

数字图书馆既是一个信息查询环境，又是一个信息服务环境，除为用户构筑个性化资料、个性化检索与过滤外，它还应该提供人们工作和生活中所必需的各种信息服务，如天气预报、交通信息、新闻报道、网上购物、股市行情、电子商务等。

（1）人性化的服务界面。如按用户意愿提供页面颜色、版面设计，显示出有用户实名的欢迎标语等。

（2）集成化的线上生活。满足用户方便性的需要，将用户常用的搜索引擎、电子邮箱、聊天室、商务网站等集成在统一的界面，提供一站式服务。

（3）一对一的信息咨询。用户可以按照自己的意愿，自由选择咨询馆员或学术专家进行实时的信息咨询与交流。

（4）用户培训。为了帮助用户在利用数字图书馆的资源和服务时克服技术障碍，通过线上自助式学习和在线对用户提供技术支持与培训等。

上述四个部分相互依赖、相互作用，共同构建一个完整的个性化信息环境。因此，数字图书馆个性化信息环境实际上是由能实现上述环境的多个工具所组成的集成框架，这些工具能使用户通过可高度定制的文件访问和创建自己信息空间的个性化视图。

二、以开展特色化服务为突破口

图书馆社会价值的实现需要两方面的良好基础：其一是共性基础，即外部形象基础；其二是个性基础，即图书馆的特色服务。良好而又富有个性魅力的特色服务，是图书馆实现其社会价值的关键条件之一，也是图书馆实现个性化服务的一个重要基础。

图书馆特色化服务的主要宗旨是突出自身的资源和服务优势，在为读者服务中收到特殊的效果。要求图书馆在馆藏资源、服务方式及手段上有别于其他图书馆，以针对性强、专业化程度高、优势突出等特点，在为读者服务工作中发挥特殊的作用。

图书馆特色化服务是时代发展的要求。市场经济条件下的竞争机制，是图书馆特色化趋势的动因之一。在市场经济条件下，图书馆面临着来自内外两方面的挑战。一是来自图书馆外部社会环境的挑战。随着市场经济的不断深入发展，社会上涌现出形形色色的信息机构，人们可以随时随地利用各种形式和手段，很方便地获取文献信息、知识情报信息。在这种局面之下，图书馆如果安于现状、丧失特色，就不会有吸引力，就会失去最广大的用户。二是来自图书馆界内部的竞争环境的挑战。所有图书馆都面临着"优胜劣汰"这一市场经济法则，相互之间展开激烈的角逐。而图书馆的特色化，则是在角逐中取得有利地位的重要条件，是吸引某一层次、某一方面读者的有效办法。

以计算机技术与通信技术相结合为特点的现代信息网络，以及它所形成的网络化环境，是图书馆特色化趋势的又一动因。网络环境对图书馆信息资源的特色提出了"非做不可"的要求，或者说，网络环境迫使图书馆向信息资源特色化的方向发展。因为，当某一图书馆的馆藏文献转化为电子文献并通过网络提供给用户后，其他图书馆对相同文献信息资源的再加工，就成多余的了。只有图书馆线上的文献信息资源各具特色、互不雷同，网络才会真正成为资源丰富的宝库。

图书馆特色化服务是图书馆生存和发展的必然选择。随着全球信息化进程的加速，图书馆面临着许多机遇与挑战。没有特色就没有发展。作为社会文化教育事业的重要窗口，图书馆更应该办出特色。这样才能使自身在未来的信息社会中立于不败之地。

图书馆特色化服务是加速实现信息资源流通与共享的前提。众所周知，随着数字图书馆的出现，图书馆网络的形成，各图书馆必须以自身的特色资源及特色服务打造自己的"网页"。如若还是借藏书范围的重复、服务手段和方法上的雷同、毫无特色而言，将很难跻身于波澜壮阔的信息海洋中。

三、以知识组织为关键

图书馆个性化服务需要对各种主客观知识进行有效的组织和集成，只有对支撑不同服务形式和服务需求的知识资源进行合理、科学组织，才能真正实现图书馆的个性化服务，满足不同用户的个性化需求，一般说来，图书馆个性化服务知识组织内容应包括显性知识和隐性知识两大类。

显性知识也叫客观知识，是可以通过语言文字方式传播的知识，是可表达、有物质载体、可以确知的知识。图书馆馆藏资源包括纸质资源和电子资源、网络信息资源、馆际共享资源等，这些均属于图书馆显性知识资源。

隐性知识也叫主观知识，是存在于人的头脑中的未编码的经验性知识，往往不易用语言表达，传播起来比较困难，图书馆隐性知识主要由图书馆馆员个人隐性知识和团体隐性知识构成，图书馆员个人隐性知识包括图书馆员的知识结构、知识水平、工作经验，以及在工作中发现问题、解决问题的能力和学习新知识、接受新事物的能力等。团体隐性知识包括图书馆办馆思想、方法、规律、经验、管理技能、组织学习能力及成员的默契、协作能力等。

图书馆个性化服务要求在对用户需求进行分析、挖掘的前提下，提供知识定制服务、智能过滤服务、知识导航服务、知识检索服务、知识推送服务。而有效的方式就是面向用户整合图书馆显性知识资源和隐性知识资源，这种整合是图书馆根据用户的需求和资源的特点，将图书馆相对独立的众多资源按照它们之间内在的知识关联进行重组，形成统一的、可高效利用的资源体系，包括不同载体、不同类型知识资源之间的整合，本地资源与远程资源之间的整合，图书馆内部、外部资源之间的整合，通过这种知识资源整合使图书馆的资源为用户个性化服务提供了保障。

图书馆要实现以用户为中心的个性化服务，不但需要对知识资源进行科学组织和管理，还需要对用户的需求进行分析和归类，建立用户信息资源库并采用适合用户需要的个性化服务手段和服务方式，提高图书馆的个性化服务水平。

建立以用户需求为导向的个性化服务知识组织体系主要包含三层意思：一是以用户信息需求为导向组织知识资源和提供服务；二是根据用户特点创建个性化的信息环境，为不同类别的用户提供具有针对性的服务；三是帮助用户解决其需要解决的问题，为其提供知识服务。图书馆个性化服务将用户信息需求作为终极导向是个性化服务区别于传统服务的本质，图书馆个性化服务根据用户实际需要搜集并选择各种知识资源，为用户克服因信息分散而造成的检索困难提供索引指南，使用户便于理解和吸收知识。而经过提炼、加工和重组的新的数字信息产品，它强调利用自己独特的知识和能力直接介入用户解决问题的过程为用户提供知识并创造价值。

第四节 图书馆个性化服务新方向：情景感知

关于个性化信息服务（PIS）的研究一直是备受图书馆领域关注的课题。但随着个性化服务应用的不断深入，人们逐渐发现当前图书馆在实现个性化服务中存在的一些不足，包括：①当前多数 PIS 系统使用烦琐或系统复杂，不能自动地获取用户需求；②获取的用户个性化需求准确性和可靠性不高；③自适应性不强，提供的服务不能适应用户信息需求不断变化的实际情况；④缺乏探测性，用户的信息需求有时不是非常有目的性，需要根据对用户已有需求的了解推断出用户可能感兴趣的信息，而当前的 PIS 系统和方法在这方面没有考虑或者考虑很少。

与此同时，随着情景和情景感知的研究不断深入，并取得不少成功的应用案例，基于情景感知的自适应服务应运而生。情景），也称情境、上下文，是指用于刻画一个实体所处状态的任何信息，包括每个实体的位置、时间、活动和偏好等。这里，实体可以是一个人、一个地方、一个对象，也包括用户和应用软件本身。利用情景向用户提供适合当前情形的相关信息或服务就是情景感知服务。它通过自动感知用户当前所处的情景信息（如人物、地点、时间和任务等）自动获取和发现用户需求，实现信息服务与用户的自适应，提高服务的准确性和可靠性，是协助信息服务系统提高性能和质量的重要支持手段和方法。因此，个性化服务开始探究引入情景和情景感知的方法。

一、图书馆中基于情景感知的自适应个性化服务的产生动因

泛在计算和移动网络的发展极大地改变了用户获取和使用信

息的方式。用户需求不断趋于动态化、多元化、高效化，同时，越来越多的信息服务商给图书馆的发展带来了严峻的挑战。图书馆只有不断寻求新的服务方式，才能获得可持续发展。因此，将情景感知引入图书馆个性化服务中是多种动力综合作用的结果。

（一）移动技术推动与泛在环境的挑战

从传统图书馆到数字图书馆、移动图书馆，图书馆的每一步发展都离不开信息技术的支撑和推动作用。20世纪90年代，泛在计算（也称普适计算、无处不在的计算）的概念被提出。普适计算的应用、泛在环境的建立，更是对图书馆的形态、资源与服务都产生了重要的影响。泛在环境下，随着无线网络技术、传感器技术和移动终端设备的发展，信息技术对用户活动及其所处情景的捕获、分析和推理能力进一步增强，为图书馆营造普适计算环境，将信息服务融入用户当前的任务情景，通过"感知"用户的具体行为识别用户的实时需求，并据此为自适应的动态服务提供了发展契机[①]。因此，移动技术的发展与泛在环境的到来，成为了图书馆关注、获取情景信息并探讨实现情景感知自适应服务的重要推动力。

（二）图书馆应对危机、获得自身持续发展的出路

图书馆作为传播知识和提供服务的重要机构，曾经在传统的信息交流体系中扮演着重要的角色。但随着信息技术的发展和数字资源的主流化，信息资源中心和公共信息服务平台的非图书馆化，以及以用户和信息生产者驱动的信息资源与服务市场新格局的出现，图书馆作为曾经信息服务中心的地位正在被边缘化。而

---

① 袁静. 情景感知自适应：图书馆个性化服务新方向 [J]. 图书情报工作，2012，56（07）：79-82+97.

情景感知自适应服务就是充分利用情景感知计算的技术优势，通过获取用户的地理位置、时间、标志和活动等当前情景信息，并结合用户的历史情景，自适应地调整信息服务，贯彻"用户在什么位置，服务就延伸到什么位置"是图书馆应对危机、获得自身发展的重要出路。

（三）用户信息需求动态化、情景敏感化

以用户为中心、满足用户的个性化需求是图书馆一切工作的出发点。但是用户的个性化需求是复杂的、多维的、动态的、易变的，尤其是在当前的移动环境和泛在环境下，用户的个性化需求表现出极强的情景敏感性。这种需求特点的变化对图书馆服务提出了更高的要求，引领着图书馆个性化服务的变革方向。图书馆传统的依靠用户模型提供个性化服务的方式已无法满足用户的需求，这是因为用户的信息需求不仅与用户的身份、兴趣、偏好等有关，而且依赖于时间、地点、用户任务以及用户与系统的交互历史等情景信息，后者甚至是决定用户所需信息的关键因素。因此，基于情景感知提供自适应的个性化服务是图书馆满足用户动态多变信息需求的重要举措。

二、图书馆情景感知自适应个性化服务的定位

（一）情景感知与图书馆个性化服务的契合性

情景感知不仅是一种技术，更是一种理念，它通过将情景信息引入推荐系统中，以进一步提高个性化服务的精确度和用户满意度，兼具普适计算和个性化两种优势。情景感知计算作为普适计算的核心领域之一，能够利用人机交互或传感器提供给计算设备关于用户与设备环境等方面的情景信息，并让计算设备给出相应的反应，从而支持用户随时随地获取符合个性化需求的信息，为图书馆个性化服务的实现提供了有效的支撑。普适计算所体现出的普适服务"无所不在"的时空特性、"自然透明"的人机交互模式，以及"以人为本"的根本理念，与图书馆的用户服务理论也是不谋而合的。

另外，用户个性化需求的复杂、异构、变化甚至冲突，使得用户所处的具体环境和状态不同，面临的任务不同，其需求也将会不同。即使在同样的情况下，由于用户知识积累与偏好的不同，其所需的信息与服务也不尽相同。因此，将情景感知引入图书馆个性化服务具有重要的研究意义和实用价值，情景感知与图书馆个性化服务具有天然的契合性。

(二) 图书馆情景感知自适应个性化服务的内涵及特征

图书馆情景感知自适应个性化服务是以用户为中心，将图书馆的信息空间与用户的物理空间相融合，将图书馆服务嵌入到用户的活动任务过程中，通过系统自动感知实时情景来智能判断用户活动行为及目的，并自适应地调整系统的服务行为，以便满足用户动态需求的新型服务模式。情景感知服务的目的是通过利用人机交互或传感器提供给计算设备的各种情景信息，构筑自动适应用户及其任务需求的服务体系，使图书馆服务充分融入并逐步成为用户信息活动的有机组成部分。因此，这种服务具有环境导向性、情景适应性、智能性、主动性等特征。

三、图书馆情景感知自适应个性化服务的实现

(一) 图书馆开展情景感知自适应个性化服务涉及的问题剖析

图书馆情景感知服务的开展依赖于情景感知技术，情景感知技术涉及情景要素的界定、情景信息的获取、情景过滤与推理、情景建模、情景管理与利用等多个方面，这些问题的有效解决是实现情景感知服务的关键。在针对图书馆个性化服务的应用中，需要关注的情景要素包括用户情景与资源和服务情景。用户情景包括用户的身份、偏好、需求历史、当前的任务与活动、周围的环境状态等信息。资源情景包括图书馆资源的类型、用途与所属学科、被用户利用的情景以及用户使用之后的反馈和评价等信息。服务情景包括服务的特性、功能、质量、服务状态等信息。情景信息可以通过感知器捕获、从已有的信息中抽取、由用户直接设定等多种方式获得。在情景感知服务的应用领域，其主要获取方式包括显式获取、隐式获取和推理获取。通过各种方式获取的情景信息一般是原始的、模糊的、不精确的、不稳定的，甚至是冲突的、不一致的数据，因此需要进行清洗、过滤、推断、解释和融合，以得到各种应用所需的高层情景。

（二）图书馆情景感知自适应个性化服务的实现模式

由于技术等方面的限制，目前情景感知服务系统还不能捕获各种完整而又准确的全部情景信息，完全智能化服务的实现还比较困难。因此，在当前图书馆中，基于情景感知的自适应个性化服务主要有以下三种实现模式：

1. 情景感知检索服务

在信息搜索活动中，无论是用户的信息需求，还是用户所需的各种信息，都是处于各自的情景之下的，因此可以有效地利用情景信息提高检索性能，而开展基于情景感知的信息检索与信息抽取研究已经成为信息领域具有挑战性的一个新课题。ACMSI-GIR 和 European Science Foundation 等组织早在 2004 年 7 月的国际会议 IRIX 上就开始讨论如何利用情景信息帮助信息检索。情景信息可以帮助确定查询关键词的意义，可以用来进行查询扩展以及过滤初始的查询结果。在当前的图书馆信息检索服务中，情景信息主要用于对初始的检索结果进行重新排序与过滤。

情景感知检索服务综合考虑了用户的查询情景、查询任务、查询条件、用户偏好以及所需信息的情景等因素，使得用户能够获得动态的查询结果，即检索系统能够根据具体的检索情景和应用环境，能动地、自适应地输出用户真正需要的结果，从而有效地提高个性化检索的准确性和可靠性。情景化的检索也被认为是信息检索领域中的一个长期挑战。

2. 情景感知推荐服务

基于情景感知的推荐服务和推荐系统的理论与方法研究在国外的许多大学和研究机构都得到了深入的开展。ACM 推荐系统年会从 2009 年开始举办情景感知推荐系统专题研讨会 CARS（Conference on Recommender Systems），到目前已经举行了三届，对情景感知推荐系统领域中的情景建模技术、情景依赖推荐数据集、识别相关情景数据的算法、融入情景信息的推荐算法等问题进行了广泛的探讨。2011 年 2 月在美国举办的情景感知检索与推荐专题会（Workshop on Context-ware Retrieval and Recommendation）重点关注情景感知的建模、聚类、检索、推荐、协同过滤等主题。继 2010 年情景感知的电影推荐年会成功举办之后，CAM-Ra2011 也与推荐系统年会一起举办，对基于情景感知的电影推荐课题中的挑战进行了深入探讨。情景信息在提升图书馆个性化推荐质量方面同样具有非常重要的作用。现有的个性化推荐主要考虑用户和资源（服务）两个方面的因素，而基于情景感知的个性化推荐不仅考虑用户与项目的二元关系，而且还融入了用户的需求情景和资源或服务情景，进行多维度的推荐，生成精确度更高的推荐服务。

在基于情景感知的图书馆推荐服务中，既通过对比资源或服务情景与用户情景的相似度进行内容匹配，向用户推荐最适合其情景的资源或服务，同时又能够根据用户在特定情景下的行为和需求进行用户聚类，从而可以组成用户社区，实现协作推荐。当然，情景化推荐中涉及情景信息的有效获取与计算、用户情景化需求的精确提取、情景感知推荐算法以及隐私与安全等问题，需要在具体的实现过程中对很多技术问题进行深入研究。

3. 情景感知咨询服务

为用户提供参考咨询服务是图书馆的核心业务之一。然而传统的咨询服务存在以下缺陷：一是缺少对提供咨询答案的权威性与可靠性的检查；二是未考虑用户与咨询人员交互过程中的情景因素，导致对不同用户提出的同样问题给予统一的答案。

基于情景感知的问答咨询服务则综合考虑了用户、问题所属领域、回答者、相关答案等情景因素，根据用户提出问题时所处的位置、提问的原因、与问题相关的隐含因素、用户特点、用户先前咨询过的问题、交互历史等情景信息，为用户提供量身定制的答案。将情景信息融入咨询服务过程，在目前国内外的咨询服务实践中已得到了一定的应用。互联网公共图书馆（IPL）提出了一个多学科研究计划来探索问答服务中情景的影响，通过在数字问答服务中充分挖掘情景因素的作用，并致力于开发一个情景敏感的线上参考服务，以帮助用户在一个数字图书馆中找到问题的正确答案，从而提供高效的咨询服务。中国科学院国家科学图书馆在国内外图书馆界首次开展实时咨询服务，利用页面共览、嵌接和情景敏感等先进技术，将咨询服务全程嵌入用户环境和流程中，实现向不同 IP 的读者推荐相应的学科馆员或本地咨询馆员，从而提升咨询服务的质量和效率。这些实践活动为在图书馆中广泛开展基于情景感知的咨询服务提供了有效的参考借鉴。

移动、泛在环境的发展直接推动了图书馆个性化服务的变革，图书馆将不再是被动地满足用户的需求，而是主动感知用户场景的变化并进行信息交互，提供智能化的自适应服务。这种新型的服务不仅拓展了图书馆个性化服务的新模式，丰富了图书馆信息服务的理论体系，同时也能够有效地改善用户体验，提升图书馆在高速变化的信息环境下应对危机与挑战的能力，具有重要的理论和实践价值。可以预见，以用户为中心，具备丰富的泛在智能环境和情景感知能力，为用户提供迅速、快捷、高效的信息资源，提供面向用户最佳个性化体验的情景感知服务，将是未来图书馆信息服务的发展方向。

第四章　现代图书馆参考咨询服务研究

参考咨询服务是图书馆应广大读者的需求而开展的一项服务，是图书馆传统读者服务工作的延伸和发展。本章内容包括图书馆参考咨询工作概述、图书馆参考咨询服务的形式、图书馆参考咨询服务的内容。

第一节　图书馆参考咨询工作概述

一、参考咨询的界定

关于参考咨询的定义，美国参考咨询专家威廉·卡茨在《参考工作导论》一书中指出："参考咨询最基本的含义是解答各种问题。"《英国大百科全书》中的定义为："参考咨询是参考咨询员对各个读者在寻求情报时，提供个别的帮助。"这两个定义明确指出：参考咨询的本质就是解答读者在利用图书馆时遇到的问题。北京大学、武汉大学合编的《图书馆学基础》指出："参考咨询工作的实质是以文献为根据，通过个别解答的方式，有针对性地向读者提供具体的文献、文献知识或文献途径的一项服务工作。"该定义明确指出参考咨询的基础是文献，参考咨询服务以文献为主要依据，针对读者在获取信息资源过程中提出的各种疑难问题，利用参考工具、检索工具、互联网以及有关文献资源，为读者检索、揭示、提供文献及文献知识或文献线索，在读者使用不熟悉的检索工具时给予辅导和帮助，以解答读者问题①。由于解答问题的主要依据是图书馆现有的文献或其他参考源等，且提供的答案又是参考性的，所以，对于这类服务多称作"参考咨询服务""参考服务""咨询服务"等。

参考咨询员的任务就是对于寻求情报资料的读者给以积极的帮助，对他们所需的某些知识或文献方面的有关问题给予迅速和积极的解答。关于参考咨询服务的内容，在不同的时期有不同的看法。早期图书馆界认为，参考咨询的内容只限于提供书目。由于读者对图书馆缺乏足够的了解，不知道图书馆能够提供什么文献资源，咨询服务的内容大多停留在帮助读者利用各种书目工具、查找图书馆的馆藏资源等。

随着读者需求层次的不断提高，参考咨询服务水平也得到迅速发展，参考咨询员开始利用图书馆丰富的工具书为读者解答大量的知识性问题。这时，参考咨询的内容除了书目检索服务外，开始直接回答一些具体的问题，参考咨询员尽可能地为读者提供有关问题的直接答案，以满足读者的信息要求。

随着参考咨询问题的不断深入，参考咨询服务的内容也开始不断拓展和深化，参考咨询服务除了传统的书目服务、文献检索

① 袁明伦. 现代图书馆服务 [M]. 成都：四川大学出版社，2013：236.

服务、阅读辅导外，还涉及一些比较深入的定题服务、技术服务、网络资源导航服务等。例如，图书馆为用户就某一课题、产品、决策、管理或者其他专门问题而提供相关信息的搜集、检索、整理、分析、研究等服务，并提出相应的建议、结论或方案。这类参考咨询服务的对象已经不限于读者，而是扩展到社会上的各类用户。参考咨询所借助的信息资源除检索和收集现成的信息以外，还需要咨询人员实地调查和采集。参考咨询服务的内容经常需要进行一系列复杂的信息整理、分析和研究等工作，并提交相应的研究成果或者研究报告等信息产品。这种比较专业的信息服务在性质上应属于知识创新，它通过信息的集中、浓缩、重组、综合等方式产生新的信息，如综述、述评、分析报告等，这些新信息能够为用户提供额外的价值。这时，又出现了信息咨询的概念。

随着形势的进一步变化，当前有许多图书馆不仅提供基于馆藏文献资源的信息服务，而且还提供一系列扩展服务。例如，随着数字图书馆建设的发展，图书馆为用户进行专题研究提供了计算机、扫描仪、打印机、多媒体设备，以及安静独立的研究空间等先进的设备和设施，图书馆为各种学术文化和社会事务活动提供了场所、设施和组织策划等，图书馆还向用户提供了打印、复印、装订、扫描、磁带复制、光盘刻录、电子邮件收发、数字化加工制作等服务。这类扩展服务有的和文献信息服务结合在一起向用户提供，有的则独立地向用户提供。用户在利用图书馆这些扩展服务的过程中，显然也会需要图书馆提供相应的咨询服务，例如服务的制度和规定、设施设备的使用方法、会场布置方案、主题内容策划和活动程序安排等方面的咨询服务。这种新的咨询服务的出现，使得图书馆咨询的服务用户和服务领域空前广泛。

随着网络技术在参考咨询中的应用，参考咨询的方式方法也发生了根本性的变化。一方面是虚拟参考咨询的兴起，馆员与用户之间的联系、文献传递等都是依靠网络进行的；另一方面是联合咨询的出现，参考咨询问题的解答仅仅依靠一馆之力是不够的，需要联合多个图书馆的咨询专家共同完成。于是又出现了网络参考咨询、虚拟参考咨询、数字参考咨询、实时参考咨询、合作参考咨询等概念。

二、参考咨询的主要特点

参考咨询的服务内容不断地深化和拓展，其服务方式也呈现出现代化、网络化、多样化的趋势，使参考咨询成为读者服务中最活跃的内容，并表现出以下特点（图4-1）：

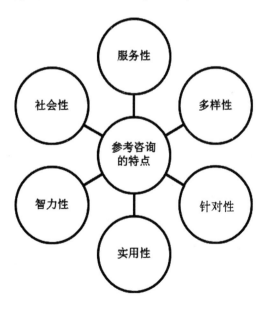

图4-1　参考咨询的主要特点

（一）服务性

从本质上说，参考咨询仍然属于读者服务工作的范畴，服务性是参考咨询最基本的特征。参考咨询是在图书馆传统的工作流程采访、分类、编目、典藏、流通、阅览的基础上开展的一项重要内容。在参考咨询过程中，馆员通过解答读者提问，来满足读者的个性化需求，服务内容与其他部门的读者服务工作有着千丝万缕的联系，是读者服务的延伸和发展。

（二）多样性

从参考咨询的内容和形式来看，参考咨询呈现出多样性的特点。

首先，读者咨询问题多种多样，来源广泛。有来自社会各个部门的咨询问题，也有涉及学科领域的专业问题；有综合性的咨询，也有专题性的咨询；有文献信息咨询，也有非文献信息咨询。当然，并非读者提出的一切问题，图书馆都应给予解答，只有属于图书馆服务范围的问题，才是参考咨询的服务内容。

其次，参考咨询形式多样化。从读者提问的形式看，有到馆咨询、电话咨询、信件咨询、网络咨询等多种形式；从馆员对具体问题所采取的形式看，有文献检索方法辅导、提供文献线索、提供原文、定期提供最新资料、提供专题研究报告等。

（三）针对性

从参考咨询服务的目的来看，它具有很强的针对性。参考咨询主要针对读者的学习、工作与生活中所遇到的问题，提供文献信息服务，以满足读者个性化的服务需求。读者需求是开展咨询服务的前提，没有读者需求，也就没有图书馆的咨询服务，所以调查了解读者的信息需求是开展参考咨询服务的基础。各类型各层次的图书馆的服务对象是不同的，参考咨询应根据图书馆的方针和任务开展读者需求调查研究，以分清工作的轻重缓急，明确服务重点。比如，公共图书馆担负着为所在地区的党政机关和有关企事业单位服务的任务，参考咨询的重点是政府决策和经济建设；高校图书馆重点为学校教学与科研服务，参考咨询的对象主要是教师和学生，服务的重点是教学与科研；科研单位图书馆主要为本系统科研工作及领导决策服务，参考咨询的服务内容专业性很强。

（四）实用性

从参考咨询工作的效果来看，具有一定的实用性。首先，读者在实际生活、工作和学习中，必然会碰到各种各样的问题，馆员的参考咨询服务可以帮助读者获取资料和利用图书馆资源，节约读者查找资料的大量时间。其次，参考咨询服务还有利于深入开发文献资源，提高文献资源的利用率，为科学研究、领导决策和企业发展提供丰富的文献资源和动态信息。例如，随着图书馆情报职能的增强和现代化技术的应用。高校图书馆从优化资源配置、提高服务质量、方便读者使用等方面入手，在保证为高校的教研工作提供服务的基础之上，扬长避短，立足于参与社会情报服务，为社会提供实用易得的经济信息服务。参考咨询突出体现了图书馆的情报职能与教育职能，它所表现出来的工作水平与开发能力反映了图书馆服务的优劣，参考咨询工作的社会价值体现在工作效率、社会效率和为经济建设服务的效益等。

（五）社会性

图书馆是信息产业的有机组成部分，主要具有保存人类文化遗产、开展社会教育、传递科学信息和开发智力资源四种社会职能。参考咨询服务是一个开放性的社会服务系统。

第一，咨询服务对象具有鲜明的社会性。参考咨询服务就是图书馆运用各种方法帮助读者解答在科研和生产中需要查阅文献资料而出现的疑难问题，为读者提供所需的文献和情报。随着社会信息化程度的不断提高及图书馆服务观念的转变，参考咨询服务的社会化程度日益加深，服务对象与范围进一步扩大。尤其是开展了合作咨询和线上咨询服务以后，其服务对象已不再限于馆内读者，本社区乃至跨地区、跨国界的有关用户都可能成为服务对象。

第二，咨询队伍具有鲜明的社会性。由于科学技术的发展，科学知识与信息资源急剧增长，光靠一个图书馆的力量已无法单独完成各种资源库的建设及各种咨询问题的解答，更谈不上各种咨询软件的研制与开发。知识与资源的共建共享势在必行，咨询队伍建设的协作化与社会化取得了进一步的发展，出现了跨地区跨国界的合作咨询。

第三，咨询服务内容具有社会性。随着图书馆日益融入社会信息化的浪潮之中，参考咨询服务的内容也由过去以学科咨询、专业咨询为主转向为广大用户提供涵盖学习、生活、工作等方面的各类社会化信息，以最大限度地满足用户日益增长的信息需求。

（六）智力性

从参考咨询所需的技术来说，它属于一种知识密集型的智力劳动。图书馆参考咨询服务不像外借流通服务那样直接简单地为读者提供原始文献，在解答读者咨询问题中，除少数的咨询问题可以仅凭借图书馆工作人员的知识和经验回答外，大部分问题都要对文献的检索、加工、整理、分析、研究等活动进行结合，其工作的实质就是以文献查找、选择与利用为依据，向读者提供具体的文献、文献知识和文献检索途径，它是一种复杂的、学术性较强的、对服务人员素质要求较高的服务方式。例如，在一些大型图书馆，已有专门的情报研究部门，开始为政府、企业、科研开展深层次的研究服务，提供辅助决策功能。图书馆一般都增设了专门的部门或工作人员，从事定题跟踪服务、专题文献调研、编制专题文献书目、文摘、论文索引和特定的资料汇编等工作，还可以承担课题立项、科技专题查新、专利申请等更深层次的服务。这种服务主要针对一些较固定的读者，具有长期性和稳定性，这要求咨询工作人员具备较高的专业技能并要做大量额外的工作。

三、参考咨询的工作体系

参考咨询工作的开展涉及多个方面的因素，如咨询台、咨询人员、参考文献源、咨询内容、咨询模式等。各个因素相互依赖、相互作用，共同形成参考咨询工作体系。因此，采用系统的观点来分析参考咨询体系的构成要素、明确构建原则、合理配置各项咨询要素、规范工作模式，将有助于提高参考咨询工作的效率和质量。

（一）参考咨询体系的构成要素

要构建合理有效的图书馆参考咨询体系，首先必须明确其构成要素。参考咨询体系的构成要素很多，主要包括以下几个方面：

（1）咨询对象。不同的图书馆具有不同的任务、不同的用户群体，参考咨询工作首先应根据图书馆的根本任务，分析用户群体的构成、需求特点，确定参考咨询服务对象。

（2）服务内容。在用户需求分析基础上确定参考咨询工作的服务内容和服务形式。目前，图书馆提供的咨询内容丰富多彩，形式多种多样。在服务内容上，有针对图书馆基本情况的问题，如馆室结构、藏书布局、机构设置、服务项目（包括基础服务和扩展服务）、开放时间、规章制度等方面的一般性问题；有比较专深的检索类问题；有各种宣传活动和专题讲座等，如各种信息发布、信息资源的宣传、文献检索方法的培训、网络资源导航、观看录像、组织实地参观、文件传输（FTP）和视频点播（VOD）服务、学术讲座、专题展览等。此外，文献资源的数字化建设和专题数据库建设也是参考咨询的重要内容。在服务形式上，馆员与用户互动，有面对面的交流、通信、电话、传真、E-mail、虚拟咨询台等。各馆面对的用户群体不同，其信息需求也不同，参考咨询的服务内容应根据用户的实际需求进行选择。

（3）参考咨询员。参考咨询员是咨询的主体，是整个咨询体系中最活跃和最具决定性的因素。一般大型图书馆都建立了专门的咨询部门，配备专职的参考咨询员，开展各种咨询服务。参考咨询员的业务素质和工作态度对咨询的成败和质量具有决定性的影响，因此，选择优秀的参考咨询员是咨询工作的首要内容。

（4）参考信息源。参考信息源是开展参考咨询工作所必需配备的各种常用文献资源，包括各类检索工具书和电子资源。对于一些简单的常规性问题，咨询人员通常可以凭借其知识和经验即时解答，但是对于比较复杂和专深的问题，咨询人员则必须借助一定的咨询信息源才能做出解答。这些咨询信息源通常包括各种工具书和数据库，但在必要时还需综合运用多种文献信息资源。即使是针对用户在利用图书馆场所、设施和组织策划服务中提出的咨询问题，有时也需要一些特殊的咨询信息源，例如，有关该项服务的介绍资料、服务制度和规定、设施设备的使用说明、成功案例资料、合同样稿、多媒体演示系统等。

（5）参考咨询平台。参考咨询工作要有一定的场所、设施和其他技术手段来支持，它们的总体可以视为一个参考咨询平台。参考咨询平台包括参考咨询服务台、参考工具书、电话、电脑、打印及网络设备、文献资源数据库等。图书馆一般在馆内设置总咨询台，并配备专职或兼职的总咨询员。总咨询员应对全馆的基本情况和各业务部门的服务内容及程序有比较深入的了解，并且最好能够熟练地使用各种工具书、熟悉本馆目录系统和常用数据库的基本检索方法，以备用户对这些问题进行咨询。

（6）咨询规范。咨询规范规定了开展咨询服务的方法、程序和制度，是使咨询人员、咨询信息源和咨询平台联合在一起的桥梁。咨询规范的内容主要包括：咨询服务管理办法、咨询受理和服务程序、用户咨询须知、咨询服务公约、咨询收费标准、咨询合同和咨询报告的标准文本格式、咨询档案和咨询统计管理制度以及图书馆的相关规章制度和国家相关的法律法规（如《科学技术保密规定》）等。对于一些特殊性质的咨询工作，还必须遵守国家有关的专门规范，例如，科技查新咨询就必须严格执行科技部制定的《科技查新规范》等相关文件。建立一套完善的咨询规范体系，对咨询工作进行规范化管理，这是提高咨询服务水平的重要保证。

上述几个要素互为支持，互为一体，相辅相成，缺一不可，共同组成了图书馆的参考咨询体系。

（二）参考咨询体系构建的原则

在以上思路的基础上，各图书馆应结合本馆实际情况，协调各项咨询要素的建设与配置，力争构建一个全面、高效、优化、开放的综合咨询体系。参考咨询体系的构建必须根据图书馆的实际需要，同时坚持以下原则：

（1）坚持以人为本。从我国参考咨询发展现状可以看出，图书馆参考咨询服务是围绕资源展开的，而不是围绕用户需求展开的。参考咨询注重馆藏文献资源的利用与开发，而忽视了对用户需求和围绕用户需求的现代信息服务保障体系的研究。参考咨询是用户与馆员之间的交流行为，说到底是人与人之间的交流行为，因此参考咨询要坚持"以人为本"的原则。首先，要以用户为中心，深入研究用户需求特点，建立综合信息服务体系，尽可能为用户提供各种方便，满足用户的各种合理要求；其次，要以馆员为本，通过营造方便、舒适、快捷的咨询工作环境，充分调动馆员的积极性、能动性和创造性，开展深层次的服务，提高参考咨询服务的水平。

（2）坚持服务至上。参考咨询本身就是服务的重要组成部分，其目的也是为了提高服务的质量和效率，它与服务是互为一体的。因此，要坚持在咨询中服务，在服务中咨询，以咨询促进服务，以服务推动咨询。只有坚持咨询与服务的紧密结合，才能谋求图书馆服务与管理的不断发展。

（3）坚持分工与协作相结合。图书馆本身是一个协作性非常强的机构，参考咨询用户来自社会的各行各业，咨询的问题也五花八门。用户需要的是具有参考价值的、高质量的、特殊的个性化信息，而不是优劣混杂、质量低下的相关信息。要回答用户的各种咨询问题，往往依靠一个图书馆的力量是远远不够的，所以在参考咨询工作中既要有所分工、各司其职，又要体现团结协作、联合多个图书馆的咨询专家共同开展咨询服务，以满足各个社会领域的众多用户对信息的不同层次、不同角度的需求。

（4）坚持实用性。参考咨询工作体系的建立应突出实用性，包括服务内容要坚持全面性，要能够覆盖图书馆的全部服务领域。其反应机制要坚持高效、快速、敏捷，并且在运行过程中不断优化。咨询服务要对用户呈现最大程度的开放性，让用户和馆员都能感觉到咨询体系的存在，感觉到咨询体系的运行和动态性特征。

（三）参考咨询体系的评价内容

对所构建起来的参考咨询体系，图书馆应组织定期评价，以谋求不断优化和改进。评价时主要可以从以下两个方面加以考察：

第一，评价各项要素的建设状况。主要考察各项要素的建设与配置状况能否满足咨询工作的需要，如咨询人员数量是否足够、资质是否合格、结构是否合理、咨询信息源是否全面充分、咨询平台功能是否齐全和优良、咨询规范体系是否健全、咨询档案记录和业务统计制度是否规范、各项要素的配置是否合理等。

第二，评价参考咨询体系运行状况和效果。主要考察综合咨询体系的运行是否顺畅，运行效果如何，是否达到预期的目标，是否确实促进了图书馆的各项服务和管理工作；咨询工作的业务数量有多少，各类咨询业务的分布情况如何；用户是否满意，满意率有多少，满意程度如何；所建立起来的咨询体系是否有疏漏，是否覆盖了图书馆的全部服务区域，是否体现了综合咨询体系的最初理念，是否始终坚持了事先确定下来的指导原则等。

在具体的评价工作中，可以事先制定一系列比较详细的评价指标，将这些指标与实际情况加以对比，并做出评判。应该说，当前我国图书馆事业的发展是相当快的，许多图书馆的服务领域不断扩大，服务手段不断革新。与此相比，咨询工作和咨询理论也应谋求不断发展和创新。

第二节　图书馆参考咨询服务的形式

一、传统参考咨询服务的形式

传统参考咨询服务形式是相对于现代网络咨询形式而言的，这种服务形式大多是单个的、重复的、被动的、琐碎的，比较简单，通常是以坐等读者上门咨询、即时或留档解答问题，以及协助检索的方式向读者提供事实、数据和文献线索的服务，即一对一、面对面的阵地式服务模式。其服务过程是首先是负责参考咨询的馆员认真听取、回答读者的提问，其次是提供给读者相应的参考咨询服务。

传统参考咨询服务方式的实现形式主要有以下三种：

（一）面对面咨询

面对面咨询是图书馆传统的参考咨询服务方式。咨询台服务以其简单方便的形式为读者解决实际问题，从而受到了广大读者的欢迎。目前，这种简单、及时、有效的传统咨询方法常被用于图书馆大厅、各楼层设置的参考咨询台或参考咨询室。图书馆参考咨询馆员可以通过咨询台这一服务窗口，做好图书馆的宣传、接待、引导工作，充分利用自己的知识积累，以口头形式解答到馆读者的一些常见问题。在我国，图书馆的服务窗口一般都有工作人员解答读者所咨询的问题，帮助读者解决在图书馆查找资料中所遇到的问题，如为到馆读者提供读者指南、图书馆简介、馆藏资源分布、服务体系与特色介绍、各种数据库简介，以及目前开展的各种读者服务活动介绍等。

优点：其一，读者亲自到馆提出咨询问题，与参考咨询人员进行面对面的交流与沟通，既便于图书馆参考咨询人员了解读者的真实意图与要求，也有利于问题的解决。同时，读者还可以从图书馆获取一些直接的经验和知识，例如搜集信息的方法与渠道等。其二，对一些重要问题的咨询，尤其是一些研究型的咨询，由于要进行长时间的工作才能完成，所以工作人员必须清楚用户的需求，并将已经了解的研究进展和所知道的信息资源做详细的备档；在研究报告的写作方面，也需要与读者进行面对面地沟通协商，这些过程都需要读者的参与。

缺点：受时间和地域的限制，读者必须亲自到图书馆咨询，参考咨询馆员无法为远距离读者提供服务；除此之外，对一些不擅长口头表达的读者来说，这种服务形式也会有诸多不便。

（二）电话咨询

电话咨询是一种相对来说沟通比较充分的服务方式。一般在图书馆的开放时间内，通过电话马上就能得到问题的答案。电话咨询方式可以便捷地服务于远距离用户，用户可以不必亲自到图书馆而是通过电话提出咨询问题，工作人员记录问题并进行回答。但采用这种方式的前提条件是图书馆必须设有专门的咨询处，且有供用户咨询用的电话，并有专门人员负责接听。

优点：用户能远距离提出问题，省却距离带来的不便，同时，电话交谈可以进行直接的语言交流，避免产生许多新的问题。

缺点：服务时间有限，由于咨询问题的难易程度不一样，咨询馆员对问题的解答可能会有不及时或最终解答时间不能确定等情况发生，往往会导致用户不能在某一确定时间获取答案，而要多次打电话询问。所以，这种方式对用户的事实型咨询较为方便，而对检索型和研究型咨询较为不便。

（三）信件咨询

信件咨询即函询，是指馆员和读者通过信件交流咨询信息。在电话日益普及的今天，信件咨询仍是远程咨询的一种常用方式。使用这种咨询方式的读者，一般对咨询的问题比较慎重，或认为咨询问题事关重大，或可能涉及自身利益，或认为信件咨询比电话咨询更容易说清楚。但这种咨询方式的时间周期长，既要求咨询读者能清楚地表达所要咨询的问题，也要求咨询馆员能对书面答复结果做出准确表述。否则，将会影响到咨询的效果。

二、网络参考咨询服务的主要形式

网络参考咨询服务是传统图书馆进化到第二代数字图书馆的产物，它可以跨越时间、空间的限制为读者提供咨询服务。在网络环境下的参考咨询服务方式以远程、虚拟为主要特征，形式多种多样，不拘一格。不仅体现在利用计算机查找、获取、加工处理信息上，更多地体现在用户与参考咨询馆员在网络上的交流活动，并通过网络实现信息的传递与流动以及全球信息机构的合作与互助。网络参考咨询服务作为最能体现现代图书馆信息服务特点的新型模式，目前，主要有以下几种服务形式：

（一）电子邮件及 Web 表单服务形式

电子邮件咨询是 1989 年美国佛罗里达州 Gainesvile 大学的

GeorgeA. Smathers 图书馆首创的服务方式，它是一种最为简单易行的数字化参考咨询服务方式，也是最早开展的一项线上咨询服务。它主要是在网站主页或某些网页上设立"参考咨询"或"询问图书馆员"超级链接，用户通过该超级链接可将咨询问题以电子邮件方式发送给相应的咨询人员，参考咨询人员再以电子邮件方式将答案发送给用户。

图书馆接受电子邮箱服务的方式有很多，可以公布在一个电子信箱地址，也可以采用专门的表格（Web 表单），让读者按照表格内容来填写并说明自己要咨询的问题及相关要求，然后系统通过一定程序将表格内容转化为结构化的邮件内容。一般表格内容设计较为详细，其内容可包括：提问者姓名、单位、电子邮箱地址和所要咨询信息的类别及详细内容，以及回答提问的专家等。

电子邮件和电子邮箱咨询方式的优点是不受时间和地域的限制，简便易行，加快了文献的传递速度，特别是对于远距离咨询和需要保密的读者更加适用。其缺点是读者和咨询人员不能面对面接触，缺乏实时互动交流，难以有效分析和澄清问题，馆员不能当面了解读者对咨询服务的满意度。

（二）FAQ 咨询服务形式

FAQ（Frequently Ask Question）即常见问题解答数据库，FAQ 咨询服务是目前图书馆最基本的一种数字参考咨询服务方式。在网络环境下，对咨询人员收集、汇总经常遇到的、带有普遍性和典型性的问题，进行周密解答、汇集答案、分类编排，再将其设计成网页，这就是 FAQ。通过 FAQ 服务，可以解答一般指南性问题，如图书馆开放时间、服务项目、资源特点与布局、检索方法和信息推荐等。在我国，北京大学图书馆的"常见问题"、天津大学图书馆的"图书馆常见问题与解答"、武汉大学图书馆的"问与答"都属于 FAQ 服务。目前，我国开展 FAQ 服务的图书馆的服务内容各有差异。有的图书馆开展 FAQ 咨询服务比较全面，如清华大学图书馆主页上的"图书馆使用 100 问"提供的 FAQ 服务，它对资料查找、数据库检索、OPAC 查询及流通阅览与咨询服务中的常见问题都做出了全面而详尽的解答。而有的图书馆仅对某一特定的服务开展 FAQ 咨询服务，它们大多是处于开展 FAQ 服务初始阶段的图书馆。

用户在利用图书馆主页查询自己所需信息资料遇到问题时，可点击 FAQ 中的相关问题，这时 FAQ 就会显示与之匹配的答案，问题也就迎刃而解。FAQ 若是设计得好，便可成为图书馆的使用指南，免去读者直接询问的麻烦。对于图书馆来说，FAQ 服务也是一种节约时间成本和人力成本的网络咨询服务形式。

（三）电子公告板服务形式

电子公告板（Bulletin Board System，简称 BBS）是一种交互性强、内容丰富而及时的因特网电子信息服务系统。用户可以通过调制调节器和电话线登录 BBS 站点，也可以通过因特网登录。用户在 BBS 站点上可以获得各种信息服务，如下载软件、发布信息、进行讨论、聊天等。

图书馆通过建立自己的 BBS 服务器，利用 BBS 向读者提供一系列服务活动，用户可以随时向参考咨询馆员提出各种问题，参考咨询馆员则定期浏览和回答用户的问题，如不能回答，可将其发往讨论组，寻求问题的解答。公告板或讨论组的形式适用于对某类具有代表性的问题或需要讨论的问题进行解答，对于一些隐秘性强的和不应公开发布的问题，则不宜采用这种咨询形式。

（四）实时交互式参考咨询服务形式

实时交互式参考咨询服务即线上实时咨询服务，这是一种较为复杂和高级的服务形式，具有一对一、交互性、实时性、灵活性的特点。所谓"实时交互式"，就是用户与图书馆参考咨询馆员可以实时进行交流，能即时显示交流的图像和文字，从而取得用户与图书馆参考咨询馆员如当面交流般的效果。

实时交互式参考咨询服务采用的主要技术有：网络聊天室、网络白板、网络视频会议、网络寻呼中心等。主要方式包括：在线交谈，主要限于用户与参考咨询馆员的在线文字交谈；网页推送，允许参考咨询馆员把一个网页推送至用户桌面，向用户提供推荐的信息资源；共同浏览，参考咨询馆员和用户一起浏览网页，由参考咨询馆员指导用户使用网络资源。目前应用最广泛的是 Chat 软件技术。一般在图书馆网站主页上有聊天咨询服务入口，读者在输入用户名和密码进行身份认证后，即可进行服务交谈。

这种方式的最大优点是即时性与交互性。用户一方只要可以上网，使用用户名与密码登录图书馆咨询服务页面，就可以提出问题，得到即时解答。对于另一方的图书馆，如果有用户登录，系统就会通知工作人员接收信息并与用户进行交谈。由于其交互性强，用户与咨询人员之间可以随时就不明确的表达予以澄清，同时，还能对信息资源的内容及使用方法加以介绍。这种咨询方式对指示性问题的解答尤其有效。

（五）合作式数字参考咨询服务形式

合作式数字参考咨询服务是由多个图书情报机构联合起来形

成的一个分布式的虚拟参考咨询服务网络，是向更大范围的网络用户提供数字式参考服务的一种形式。它是在数字参考咨询服务的基础上发展起来的，它以丰富的因特网资源和图书馆馆藏资源为基础，以全球图书馆及相关机构的数字网络为依托，充分利用各图书馆的馆藏特色和人才优势，并协调服务时间，为用户提供全天候的数字参考咨询服务。当图书馆工作人员由于自身知识的局限而无法解答用户的复杂问题时，这种合作式数字参考咨询服务的作用就尤为明显。最具代表性的是美国国会图书馆与 OCLC 在 2000 年 6 月启动的"合作数字参考咨询服务（CDRS）"计划，通过世界各地图书馆的共同参与和联合开发，实现了数字资源和智能资源的共享。目前已有北美洲、欧洲、亚洲和大洋洲等洲的 100 多个不同类型的图书馆的相关组织和专家咨询网站加入了 CDRS 系统。CDRS 系统有效地实现了信息资源、人力资源、服务资源的最优化共享和利用，是未来数字图书馆咨询服务的重要模式。

在我国，部分图书馆已开始尝试走合作式数字参考咨询服务的道路，并进行了一些有益的探索。其中最具代表性的是上海图书馆推出的"线上联合知识导航站"，它由上海图书馆牵头，联合上海交通大学图书馆等十几家高校图书馆，遣派长期从事情报与咨询工作的专门人员，共同形成的分布式虚拟参考专家网络，每位专家负责若干专题，用户可在上海图书馆提供的统一界面下自行指定某位专家进行提问。在交流过程中，上海图书馆中心数据库也对提问和回答进行监控管理。这种基于合作化的参考咨询服务方式，可以说开创了国内合作式数字参考咨询服务的先河。

合作式数字参考咨询服务是图书馆资源共享理念与数字参考

咨询服务工作在网络环境下的必然结合、延伸与发展。它不仅实现了资源共享，还实现了智力共享、专家共享、服务共享。从上述几种数字参考咨询服务方式可以看出，每一种服务方式都有自身的特点和优势，但同时也存在一定的局限性。因此，根据用户需求，综合运用几种服务方式将会极大地提高服务的质量和效率。

第三节 图书馆参考咨询服务的内容

参考咨询服务的内容十分丰富。传统的参考咨询服务分为书目参考服务与解答咨询服务两个方面，具体包括文献调查工作、参考工作、书目工作、解答咨询工作、文献检索工作和文献提供工作。除此之外，许多研究者还把读者辅导、用户教育培训、开展专题情报研究服务、文献传递与馆际互借、参考咨询评价等也纳入参考咨询服务的范围。

现代信息技术的飞速发展，给图书馆带来了全新的网络环境。在网络环境下，参考咨询服务除了原有的咨询服务内容，如开展书目咨询、解答读者提出事实型咨询问题外，还增加了许多新的内容，包括线上图书馆介绍、图书馆知识性咨询服务、网络目录咨询服务、网络专题咨询服务、用户培训服务、提供镜像数据库服务、网络咨询协作系统建设、帮助读者选择和使用数据库、OPAC 业务培训、联机实时帮助、远程检索服务、电子邮件服务、LISTSERVS 服务系列（含 LIBRDF－L 参考馆员邮件和 STUMPERS-L 挑战性咨询问题邮件服务等）、网络检索工具介绍与评估、咨询数据库建设和网络信息提供服务等。网络参考咨询是以电子文献、数字化文献或网络信息为基础，以计算机检索和网络检索为方式，通过网络对本馆用户进行的各项问题解答活动。

由此可以看出，图书馆参考咨询的内容范围是在不断发展变化的，传统的参考咨询服务是以纸质文献为基础、以手工检索为方式、以本馆读者为对象而进行的各项问题解答活动；而网络环境下的参考咨询，服务内容更丰富，服务范围更广，服务层次更高。可以说，传统参考咨询是网络参考咨询的基础，而网络参考咨询是传统参考咨询的发展和延伸，两者体现了历史的延续性。目前大中型图书馆参考咨询服务的内容，主要有解答咨询服务、书目参考服务、信息检索服务、专题情报研究服务、用户教育服务和咨询接谈等。

一、解答咨询服务

解答咨询服务，即对读者提出的一般知识性问题，如有关事实、数据等，通过查阅有关的检索工具，直接回答读者；或引导读者利用某一检索工具查阅有关资料，以求得问题的解决。解答咨询服务作为参考咨询服务的最初形式，是参考咨询服务最常见的服务内容。其解答咨询的方式主要有口头回答、电话回答、电子邮件回答、表单回答等。对于一些常见问题，很多图书馆是通过设置咨询台或开展 FAQ 服务来解决的，这是一种非常有效的做法。

（一）解答咨询的不同类型

（1）事实型咨询。是指读者对某一具体知识的提问，包括人物、事件、中外名词、产品配方参数、材料的成分及性质和用途、电子元器件的技术性能参数，以及引进设备或产品的生产厂家、型号、性能和价格等，一般都可从相关的工具书中获得直接、可靠的答案。

（2）专题型咨询。当读者提出需要有关某一人物或某一专题的各方面的图书资料时，则需要查找中外图书、报刊、论文、小册子等。

（3）导向型咨询。主要是指导读者查找和积累一些与专题有关的图书资料而进行的咨询。在此类咨询中，读者提问的重点不是具体的文献或文献内容，而是检索方法，咨询人员这时的作用是进行检索辅导。

以上三种咨询问题的解答分三个层次，口头咨询是参考咨询最基本的方式，读者可与参考咨询员直接接触进行交流，是第一层次；第二层次的解答为一种书目咨询，是较深层次的咨询；第三层次是一种情报检索服务。

（二）解答咨询的主要范围

从读者咨询问题的内容来看，解答咨询的范围大体为：介绍馆藏资源；介绍图书馆的各种服务；介绍图书馆的各项规章制度、读者行为规范及馆舍布局，提供文献资源利用指南；提供常见问题解答服务、在线辅导文献信息查询服务等。对咨询问题回答得好坏，不仅与参考咨询人员的能力有关，还与图书馆文献资源的收藏情况有关。有时用户需求的文献比较精深，需要提供情报研究服务，则负责参考咨询的馆员须对情报的隐性信息进行开发与组织，写出有决策意义的分析报告。特别值得注意的是，有些问题是不属于参考咨询范围的。例如，中国台湾"中央图书馆"的《参考服务准则》规定了参考室的工作职责，即参考服务工作的第一任务是咨询解答，同时还规定除参考室执行一般参考服务工作外，各分科阅览室（学位论文室、期刊室、善本书室、法律室、政府出版物阅览室、日韩文室、缩影资料室、视听室、汉学资料室等）也可提供参考咨询服务，该馆规定诸如学生作业、考试、有奖征答、猜谜、法律诉讼与鉴定古董、美术品、翻译书信或文件等不在服务范围内。

二、书目参考服务

书目参考是对读者提出的一些研究性问题，如专题性、专门性研究课题等，通过提供各种形式的专题文摘、目录、索引，供读者查阅所需文献资料，以解决有关课题的咨询。由于它不直接提供具体答案，只提供资料线索供解决有关问题时参考，所以被称为"书目参考"或"专题咨询"。对于一些未经提问或常设的课题，不少图书馆通过编制专题目录、索引与文摘，主动提供文献信息，开展书目情报服务，这是传统参考咨询服务的一项重要内容。而网络参考咨询服务中的学科导航、本馆资源导航及书目数据库建设，则是网络环境下的书目参考服务。书目参考工作的立足点是文献信息加工。选题应以客观需要为依据，在选择材料时，要求对某一特定范围内所必需的文献，做到尽可能全面地系统收录。在实际工作中应注意考虑以下几点：①根据书目建设的长期性需要和任务来确定选题；②根据参考咨询部门带有普遍性的咨询问题及检索工具的配备情况来确定选题；③根据当前重要科研课题来确定选题；④根据当前的中心工作确定选题。

（一）网络资源学科导航数据库

所谓网络资源学科导航数据库，是指按学科门类将分散在互联网上的学术资源集中在一起，以实现网络资源的规范搜集、分类、组织和序化整理，并能对导航信息进行多途径内容揭示，方便网络用户按学科查找相关学术资源的系统工具。

1. 选择信息资源

网络资源学科导航数据库与其他网上导航工具相比，具有专业性、易用性、准确性、时效性和经济性的优点。在网络学术资源的选取上，应注重以下四个方面：

（1）重视内容准确性，强调学术价值。用户查找使用信息主要是为满足科研活动的需要，一般而言，他们对信息质量的要求较高。因而应当选取某学科范围内有学术价值的、有一定深度的、能反映本学科前沿发展水平和发展动态的线上学术资源。学科的内容范围和准确性应是首先要考虑的重要指标。

（2）重视信息制作发布者的可信度。选择印刷版图书时，著者、出版社是一个重要的参考因素；选择期刊时，应首选核心期刊；线上信息的制作发布者也是一个重要的考虑因素。权威信息中心或情报机构、本学科学术刊物的出版单位、各种社会组织制作发布的信息都是学术性信息的主要来源。

（3）重视信息的稳定性。网络信息资源是动态变化的，而网站、网页形式相对稳定，有利于用户使用。印刷型文献的数字化、网络期刊、联机数据库、图书馆 OPAC 目录等都是比较稳定、准确可靠、方便存取的信息资源。

（4）利用方便性程度。科研任务的前沿性要求科研人员必须以数量极大的最新专业文献做科研支撑，因此，网站能否方便使用，是否符合专业人员查找相关文献的习惯，是否允许多种访问工具在较短的时间内进入并搜索到所需的最新资料等，是应考虑的因素。

2. 获取信息资源的途径

在网络环境下，利用正确的途径和手段获取线上学科资源是建学科导航库的关键。目前，获取信息资源的途径主要有以下几种：

（1）权威网站。专业领域的权威网站都设有"网络导航"之类的栏目，提供相关专业网站的热点链接，个别网站还提供对某些专业站点的评述，因此可作为获取信息的重要渠道。

（2）搜索引擎。利用搜索引擎，将其作为收集相关信息的工具。一是利用搜索引擎的分类体系集中查找某一学科的信息资源；二是利用搜索引擎提供的"关键词"检索等一些在分类体系中难以体现出来的较为专业的学术信息。

（3）网址类检索工具书。目前，大量涌现的导航类网站也是获取学科信息的有效途径之一，此类网站一般分为通用网站导航和专业网站导航两类，例如，好123网址之家、建筑网址大全等。

（4）专业性期刊与学科主题指南。许多专业刊物都提供了本专业领域主要网站的地址信息，专业协会的一些通信杂志也是引导专业信息搜集的路径，其印刷本、网络版上都有本协会网站的介绍。

（5）利用开放获取的信息资源。开放获取被视为未来学术出版的模式，是促进科研信息交流、沟通学界与大众的有效途径，它是指把同行评议过的科学论文或学术文献放到互联网上，使用户可以免费获得，而不需考虑版权或注册的限制。如美国Uncover公司的17000种期刊论文目次可提供线上免费检索服务，其中约三分之一附有论文摘要，并且有些电子期刊和工程技术文献可免费使用；美国IBM公司主页中收集了自1971年以来的全部美国专利文献，也可免费下载。这些免费、便捷的共享网络信息资源，是图书馆配置信息资源的首选对象，应当加以充分利用。

（6）利用学科主题指南查找。学科主题指南一般是由学会、大学、研究所或图书馆等学术团体或机构编制的网络学科资源导航目录，一般由专业人士进行组织和加工，所含的信息切合主题，实用价值较高。最常见的学科主题指南有 the Argus ClearingHouse、Bubl Link、WWW 虚拟图书馆等。如 Bubl Link 中的所有资源都是经过精心选择的，并有网站描述；WWW 虚拟图书馆提供各学科的网络资源导航，是一个按学科主题进行分类的信息资源库，内容十分广泛。

（7）利用其他相关专业图书馆的导航资源。国内一些图书馆在学科导航建设上积累了丰富的专业资源，如北京大学图书馆、清华大学图书馆等在重点学科导航库建设上卓有成效，通过它们可获得很多专业网址，能查找到很多相关专业信息。

（二）书目数据库

书目数据库（Online Public Access Catalogu System，缩写为OPAC），即公共联机书目查询系统，是一种提供存储和检索书目信息的文献数据库。书目数据库通常都是图书馆目录计算机化的产物，故又称"机读目录"。书目数据库的常用检索工具有分类表（分类法）、主题词表、关键词、索取号等，主要用来报道馆藏各种文献的书目信息和存储地址，可以体现一个图书馆的馆藏资源情况，方便人们查找资料。

1. 书目数据库的特征表现

书目数据库通常有馆藏书目数据库和非馆藏书目数据库两大类。其特征表现为：

（1）数字资源丰富。目前，大多数图书馆的书目数据库资源收藏范围在不断扩大，数字资源日益丰富，不仅能提供文献型书目信息，还能提供数字化馆藏信息；不仅收录馆藏中外图书信息，而且收录中外期刊，同时还增加了电子出版物光盘、VCD、DVD等音视频多媒体信息。在一些高校的书目数据库系统中，还收录了学位论文、教学参考书等资源。近年来，一些图书馆开始对书目数据库资源进行纵向整合，即以书目数据库为核心，向全文、目次、文摘、书评、音频和视频等多媒体信息资源扩展，构建整体的、立体化的、全方位的书目数据库资源体系。在书目数据库系统中，不仅能检索到书目信息，而且能阅读到全文文献，浏览其文摘、书评及与之相关的音频、视频等资料。用户通过书目数据库系统，可以获得满足自己多种需求的各类资源。

（2）检索方式灵活。大部分的书目数据库系统都有较强的检索功能，提供关键词检索、词组短语检索、复合检索等多种检索方式，并提供逻辑组配检索和匹配方式选择，以提高检索效率。同时具有多种显示、输出功能和查询结果排序功能。针对布尔逻辑匹配标准僵化、相关程度难以描述、无法满足检索需求等弊端，一些书目数据库系统采用词频加权等模式以弥补布尔逻辑的不足，并引入多种智能化检索机制，使用户能够方便、快捷地查询到所需资源。

（3）用户界面友好。书目数据库系统界面友好，简单方便，易于使用，多数书目数据库系统都提供对检索系统的概要介绍和检索方法的说明，例如使用简捷的文本框选择、提供检索历史记录等都减轻用户查询的负担。随着信息技术水平的不断提高，书目数据库用户界面也在朝着规范、简洁、生动、拟人化方向发展，多种人机交互方式以及多语言设置界面、触摸屏用户界面、语言用户界面等，也将为书目数据库系统所采用。

（4）服务方式多样。书目数据库系统具有多种服务功能。如提供帮助和纠错功能，用户可以通过提示帮助，直接获得有关的操作提示、出错提示、上下文相关帮助等信息，从而快速掌握一般检索方法；提供信息查询服务，可随时进行用户信息查询、图书续借与预约、更改密码、请求和提问。一些书目数据库系统可以还顺应资源共享的发展趋势，提供与馆际互借系统的链接，当用户所需信息本地书目数据库系统未收藏时，可直接在线上申请馆际互借服务。

2. 各书目数据库的检索方式

各书目数据库系统的检索方式，大体上分为简单检索、高级检索和限制检索三种。

（1）简单检索。即使用一种字段进行检索。不同书目数据库系统提供的字段不完全相同，但基本包括题名、责任者、主题、关键词、分类号、书号、出版年、出版者等。多数书目数据库使用下拉菜单的方式，用户可以从下拉菜单中选择检索字段，输入检索词即可进行检索。命中记录中包含所输入的检索词或检索词中的一个单元，但各单元不一定相邻，也不一定在同一子字段中。关键词检索对检索词的规范要求不高，为提高检索的准确性，有的书目数据库检索系统还提供了检索词的不同匹配模式，如前方一致、后方一致、包含、精确匹配、模糊匹配等。

（2）高级检索。也称"匹配检索"，即提供布尔逻辑组合等复杂检索功能，可以实现相同或不同字段间的组配检索。题名、主题、责任者、出版者是多数书目数据库系统提供的组配字段，有的书目数据库系统则提供系统全部字段的组合。提供的基本逻辑算符包括"与（AND）""或（OR）""非（NOT）""异或（XOR）"。

（3）限制检索。由于书目数据库系统资源类型复杂，语种较多，为了提高检准率，需要对检索范围进行限制。书目数据库系统设置了不同的检索限制方式，主要包括作品语种、出版年、文献类型和馆藏地等几种方式。为了调整检索范围，一些书目数据库系统在简单检索和高级检索方式中还提供了"二次检索"功能，即在前次检索结果范围内，通过追加限定条件，进一步缩小检索结果的范围。通常情况下，用户在图书馆主页上，可以利用馆藏书刊目录查询中文期刊分类目录、外文期刊分类目录、新版古籍丛书书目数据库、CALIS 联合公共目录、全国期刊联合目录、图书馆主页的网络导航栏目的网上图书馆信息。还可以利用国内外很多图书馆的书目数据库进行查询，如清华大学图书馆书目数据库、北京大学图书馆书目数据库、国家图书馆书目数据库、中科院文献情报中心书目数据库等。

值得注意的是，书目数据库建设是一项耗费人力、物力、时间的复杂而细致的工作，特别是在图书馆自动化建设初期，创建回溯数据库要将十几万乃至几百万馆藏文献转化为书目数据，要投入大量的人力和时间。对于一般的图书馆来说，不必自己创建书目数据库，而可以利用他馆已有的书目数据库，通过有偿购买等方式转化为本馆的书目记录，建设本馆馆藏书目数据库。新书的编目可以利用编目中心发行的机读书目数据转换或自行编目。

三、信息检索服务

信息检索是指将信息按一定方式组织和存储起来，并按需检索出有关信息的过程。信息检索按手段可分为手工检索和计算机检索，按检索对象可分为文献检索、数据检索和网上信息检索等，按服务项目可分为一般课题检索、定题服务检索、查新服务检索等，按课题性质可分为事实型检索、专题型检索、导向型检索、综合型检索等。传统的信息检索是以文献检索为主要方式，现代的信息检索则是以数据库检索和网上信息检索为主要方式。网络导航、学科导航、本馆资源导航、学科信息门户和特色库的建设与利用，是新时期信息检索的重要工作内容和信息检索资源。

信息检索是情报工作的一项重要内容。随着现代信息技术的飞速发展，信息检索已经发展成为计算机信息处理的分支学科。信息检索的实质就是将用户的提问特征与数据源进行对比，然后将二者相一致或比较一致的情报提取出来供用户使用的过程。

（一）信息检索服务的主要内容

1. 回溯检索服务

回溯检索服务是指不仅要查找最新资料，而且要回溯查找过去年代的资料，即查遍几年、几十年来的所有资料。回溯检索服务特别适合于申请专利时为其证实新颖性而进行的检索，也适合于撰写评论文章或教材，以及从事新课题研究而需要全面系统掌握有关文献而进行的检查。

2. 定题检索（SDI）服务

定题检索服务是针对用户需求，定期地提供各种最新信息，让用户及时掌握自己需要的信息的服务，也称"对口服务""跟踪服务"。这是一种持续不断的服务，所提供的资料都是当前最新发表的文献资料，以便于用户跟上学科的发展步伐、了解学科发展水平和动向。

3. 全文检索服务

根据用户的需求，利用全文数据库提供的检索功能，查找并直接把文献原文提供给用户。

4. 数值型或事实型数据检索服务

根据用户要求，查找科学数据和事实，如各种物理常数、物质特性或参数、化学分子式、物理常数、市场行情、电话号码等，这些数据是能够直接使用的信息。

5. 网络信息检索

随着互联网的普及与发展，网络资源以其独特的丰富性与无限性逐步成为图书馆的重要资源，开发网络资源已成为图书馆信息服务的主要任务，线上检索服务将成为一种更具发展前景的服务方式。网络信息检索必须使用互联网提供的信息检索工具，网络信息检索工具主要有三类：

（1）交互式信息服务。这是一种既具有用户友好界面又具有交互式浏览功能的检索工具，主要有 Gopher 和 WWW 两种著名的网络检索工具。

（2）名录服务。这是向用户提供查找互联网用户信息的服务（即所谓"白页服务"），或者提供查找互联网上各种服务系统及其提供者的信息的服务（即所谓"黄页服务"）。通过"白页服务"，用户可查找某个人或某个机构的电子信箱地址；通过"黄页服务"，用户则可以查找到某个图书馆的联机查目系统的 IP 地址或者某个 FTP 服务器的 IP 地址。目前在互联网上运行的常用的名录服务型信息的检索工具有三种，包括：WHOIS, NETFIND 及 X.500。

（3）索引服务。这是通过查找索引目录向用户提供文件检索的服务，检索对象可以是分别存储在互联网上的不同网站（或主页）上的各类文件。其检索结果可以是文件的存储地址（主机地址、查找路径和文件大小），也可以进一步通过检索工具直接获得。

（二）信息检索工具的综合应用

（1）书本式检索工具与期刊式检索工具相结合。书本式检索工具具有方便查阅的优点，但有时又受出版时间的限制，不能反映最新的资料。期刊式检索工具能反映最新的资料，但因篇幅有限，又不能全面反映资料的历史内容。所以，如果将书本式检索工具与期刊式检索工具结合使用，就可以获得更加全面的信息。如在专题书目、索引等出版后，利用期刊式检索工具补充有关资料，便可获得过去和现在的全部内容。

（2）专业性检索工具与综合性检索工具相结合。查找学科方面的专题资料时，应考虑选择专业性检索工具，因为专业性检索工具收录的学科范围比较窄，通常是某一学科或某一专业领域的内容，如《生物学文摘》《中国生物学文摘》等。这些专业性检索工具，能节省时间和精力，方便科研人员检索。同时，也要注意使用综合性检索工具。因为综合性检索工具收录的学科或专业范围比较广，所涉及的文献类型和语种也比较多，对查检分散在不同类目中的一些跨学科文献十分有益。因此，也要注意利用综合性检索工具。在检索中要注意将专题书目与综合性书目、专题索引与综合性索引、专业数据库与综合性数据库等配合起来使用。

（3）印刷型检索工具与网络型检索工具相结合。印刷型检索工具使用时无需借助其他设备，具有使用方便、可靠性强的优点，但存在内容更新慢的缺点。网络型检索工具更新速度快，可以通过不同的途径进行检索，在一定程度上弥补了印刷型检索工具的缺陷。由于目前不可能将所有的检索工具都传输到互联网上，且数据库一般回溯时间短，因此，要注意将两者结合利用。

（4）中文检索工具与外文检索工具相结合。中文检索工具只反映国内的研究成果，而要获得世界上某一专题的最新资料、了解国外的研究动态和发展趋势，还需要使用外文检索工具，以便对国内外的研究动态都有充分的了解，继而才有可能写出具有较高学术质量的论文。如对书目的查找，除了要查找国内的《全国总书目》《中国国家书目》外，还要查找美国的 BIP、英国的 BNP 等书目，这样才能掌握世界范围内的科研动态信息。

（三）检索资源入口的选择

各种搜索引擎和数据库各有优势，所以选择合适的检索资源入口，对于检索能否顺利进行和检索到的内容是否准确的影响很大。如查找国内专利资料，可直接进入国家知识产权局网页。熟悉各种特色数据库的使用，会给信息查找带来很大的方便。

在文献传递服务中要根据申请文献的学科类目选择文献源。例如，某馆在文献传递服务初期，通常是通过 CALIS 馆际互借系统为用户传递文献，但常常遇到的问题是：有的文献申请（尤其是工科的文献）响应时间比较长，有时甚至 2—3 个星期还没有回复，读者等得很着急，参考咨询人员也很着急。此时若改用清华大学馆际互借系统传递文献，文献申请发出一个小时后就会收到回复，速度非常快。由此可以得出结论，如果读者发来了申请单，首先要看其申请文献属于哪类学科，如果是工科的，那么通过清华大学馆际互借系统传递会比较快，因为其工科文献比较全面，清华大学图书馆订购了包括 Elsevier 等国外大型出版集团的数据库。如果申请的文献是文科的，则可通过北京大学图书馆进行传递。因此，在服务中应注意要根据文献的学科类别选择传递来源，这样可以争取以最快的速度把文献传递给读者。

由此可见，为提高线上参考服务的质量，做到快捷、准确、全面地为读者提供参考资料，选择恰当的资源入口非常重要。

四、情报研究服务

情报研究服务是图书馆对文献信息进行分析与综合的一种服务，是通过对某一时期或某一领域的文献信息进行分析与归纳，以研究报告的形式提供给用户的服务。其功能在于通过对大量文献进行分析研究和综合，为读者提供浓缩的、系统化的情报资料，为预测研究和决策研究提供参考。

情报研究服务主要有定题服务、专题剪报服务、专题数据库建设等多种形式。

（一）定题服务

定题服务是图书馆情报部门根据用户研究课题所需、选择重点研究课题或关键问题为目标，确定服务主题，通过对情报（信息）的收集、筛选、整理，以定期或不定期的方式提供给用户，直到读者完成课题的一种连续性文献信息服务。定题服务具有主动性、针对性和连续性的特点。

图书馆在开展定题服务中应遵循以下原则：

1. 遵循主动性原则

即必须了解国内外科技发展战略和研究开发的动态与趋势，从文献研究的角度了解国际科技的发展热点、态势和科研进展情况，主动搜集有关文献并积累相关知识，选择具有前瞻性、针对性、与国际接轨的服务课题，主动出击，寻找信息需求用户，努力将潜在用户转化为现实用户。

2. 遵循用户原则

用户原则是指针对不同的对象，在充分了解用户信息需求的基础上，为其提供满意的服务。但在实际工作中，用户往往只在时间、空间和内容上提出一个笼统的信息要求，对深层次的信息需求缺乏充分的表达和设想。因此，只有与用户进行反复交流，才有可能提供令用户满意的服务。在实际操作中，馆员在使用检索系统与用户进行交流时，不但要理解用户表达出的显性信息需求，而且要为用户提供有参考价值的检索方案，使用户获得更有价值的信息。

3. 遵循信息搜集原则

（1）准确性。搜集准确的信息是提供定题服务的关键。当代科学技术的高速发展导致科学研究一方面越来越专业化，另一方面学科之间相互渗透交叉，这种跨学科的发展趋势，势必会引起科研人员和管理人员知识结构的改变，使之对相关学科信息产生需求，进而扩大所需信息的学科范围。在信息搜集过程中，既要从整体上把握学科发展脉络，又要密切注意其新兴分支领域的发展动向，以保证信息搜集的准确性和超前性。

（2）及时性。定题服务的一个重要目的就是能够快速地为用户提供最新、最准确的信息服务，这就要求数字图书馆系统能够及时搜集到以各种形式存在的最新信息。

（3）全面性。在信息搜集过程中，不仅要搜集本馆所藏的信息资源，还要检索各种网络数据库，或通过资源共享检索其他图书馆中的信息资源，因为丰富的资源是开展定题服务的基础。

（二）专题剪报服务

剪报是图书馆传统的服务项目之一。剪报能把散见于上千种报纸上的信息分类选辑浓缩，集中于一处，然后专业对口地向社会发布。经过加工的剪报是综合性、专题性都很强的信息源，能够不同程度地满足各个领域的人们对不同信息的需求。最早的剪报工作是图书馆工作人员从各种报刊上选取有关资料后，直接剪贴在白纸上，然后加以公布或进行印刷。读者通常要到图书馆的公告栏处才能看到剪报，此外印刷质量粗劣，读者阅读起来也不方便，而且这种形式的剪报篇幅有限、信息量小，图书馆工作人员在粘贴上花费的时间较多，工作效率低下。网络时代的到来给我国图书馆的剪报服务带来了生机，一些图书馆开始借助计算机或扫描仪，为读者提供电子剪报服务。目前，电子剪报主要有三种形式：一是 HTML 形式，这是一种网页形式；二是 PDF 形式，这是一种图像形式；三是全文数据库形式。一般而言，各个图书馆都是根据本馆的馆藏资源特点和用户群体的需求来选择剪报主题和内容。

五、用户教育服务

图书馆作为重要的文化科学教育机构，是社会公众进行终身学习和教育的重要场所。这种教育是通过社会公众阅读的方式来传递科学文化知识的社会活动，是社会公众自由地利用图书馆进行学习知识和更新知识的活动，是任何学校教育都无法比拟的。随着时代的发展，图书馆开始大量应用计算机技术、网络技术，使读者使用图书馆的难度加大。与此同时，网络信息的利用对读者素质也提出了更高的要求，没有较高的文化水平，不熟悉网络图书馆的内部结构，不具备一些基本的计算机知识和文献信息检索方法的读者是无法从网上获取信息的。因此，在传统图书馆向数字图书馆转化的过程中，大力开展用户教育、培养用户综合利用信息的能力尤为重要。

（一）用户教育的内容

用户教育主要是指图书馆情报部门为读者熟悉与利用图书馆、向读者普及信息检索知识等提供的辅导和培训活动。其目的是培养读者的信息意识和获取信息的能力，使他们能够独立、及时、准确地查找到所需要的文献信息。用户教育的内容主要包括：

1. 如何有效地利用图书馆

主要是通过图书馆基本知识的教育，使读者了解图书馆，了解图书馆文献的布局、规章制度，了解图书馆的服务内容与形式，了解图书馆的业务流程。具体包括三部分内容：

（1）图书馆概况的介绍。如图书馆的历史与现状、图书馆的开馆时间、图书馆馆内布局、图书馆的各种规章制度、图书馆各部门的业务范围和流程等。

（2）介绍图书馆馆藏信息资源及其使用方法等。

（3）介绍图书馆服务的内容与形式。

其目的是让用户对图书馆有一个基本认识，能够有效利用图书馆。

2. 计算机基础知识的培训

现代信息技术的飞速发展，给图书馆带来了全新的网络环境。在网络环境下，图书馆的服务内容与服务方式发生了深刻变化。网络改变了人们的生活和信息存取的方式。网络信息的使用要求用户掌握一定的计算机基础知识。因此，必须加强对用户的计算机基础知识和技能训练，以提高用户获取所需信息的能力。例如，上海交通大学图书馆针对初学者制定出每周三下午以三个小时为一期的用户教育课，以基础理论为主，从最简单的计算机桌面讲起，介绍多媒体光盘、网络服务基本知识，以及如何使用 WWW、如何使用 Homepage、如何使用搜索引擎、如何收发 E-mail、如何使用 FTP 等，这些对指导初涉网络者学习检索方法起到了很好的作用。

3. 网络基础知识的培训

网络环境将一个分布式的信息交流体系、广袤的信息资源和众多的技术手段灵活地带到了用户的面前，光盘版、网络版等多种载体、格式的信息数据库等资源在网上频繁出现，增加了用户获取信息的难度。这就要求读者掌握检索和使用各学科网络信息资源的能力，要求读者熟悉常用的搜索引擎、检索网站、网址等内容，以在使用网络资源过程中达到事半功倍的效果。因此，一般的互联网基础知识也是需要传授给读者的。例如，某图书馆参考咨询部制订了用户专题教育计划，定期或不定期地推出各种系列、专题的用户培训。由图书馆咨询馆员主讲，或邀请国内外专家演习示范，短则一小时，长则一两天，及时把各种新出现的文献数据库、检索系统，以及最新的检索手段等准确地传授给用户，受到了图书馆读者的广泛好评。

4. 介绍查找信息资源的途径

数字图书馆的发展，扩展了图书馆的职能。尽管如此，为读者提供文献信息仍然是图书馆的核心职能。网络环境下的图书馆的数字文献信息来源广、出版商众多，图书馆拥有的数字信息资源更加丰富，检索途径也越来越多，当用户检索一个专题的信息时，可能会碰到几种检索软件或几个数据库。因此，也要对用户进行相关检索基础知识和使用技巧的培训，使他们能根据自己的需求迅速获得自己所需要的信息。这是图书馆发挥教育职能的重要内容之一，也是图书馆工作人员应尽的义务和责任。

（二）开展用户教育的形式

图书馆开展用户教育的形式是多种多样的，主要形式如下：

1. 当面辅导培训

这是指图书馆工作人员在接受用户提出的询问时，结合当时情况，当面给用户讲解有关的知识和使用方法及技巧，让用户在得到服务和信息的同时也掌握一定的使用方法。这种结合实际的用户培训方法简单易行，且行之有效。它既不需要专门的培训组织，又不需要很多的培训人员和设施；它既可以单独辅导，又可以集体辅导；它既是对当前情况的辅导，解决当前问题，又是对将来的指导，可让用户避免将来遇到同样的问题。当然，这种方法对图书馆工作人员的责任心、业务素质、职业道德等方面有很高的要求。

2. 书面辅导培训

这种方法是指有关部门把事先准备好的书面材料（教材、使用说明、服务简章、用户手册或其他辅助材料）分发给用户，用户通过自学得以对图书馆进行全面了解。这种方法对有一定自学能力、具有一定的信息活动体验的现实用户是有效的。

3. 办班集中培训

这是根据用户的不同类型，分别举办专门的短期学习班、讲习班、研讨班、训练班、强化班等各种形式的培训班，让用户在短时间内掌握图书馆的使用方法，从而提高使用图书馆的效率的形式。这是用户培训活动中常常使用的方法，这种方法的主要优点是能够在短期内有效地培训更多的用户。

4. 用户交流培训

与前几种方法不同，这种方法的培训者和培训对象都是用户，即通过用户间的交流，相互学习、相互帮助，达到对数字图书馆的全面认识。像组织用户经验交流会和报告会、用户联谊会、有奖竞赛等，都可以成为用户交流培训的具体形式。这种方法的优点是培训形式灵活多样，往往会收到意想不到的效果。

5. 举办专题讲座培训

举办专题讲座的目的是将图书馆的馆藏资源信息通过详细地讲解展示给读者，讲座的内容丰富而灵活，读者可根据不同学习阶段的需求，不同程度地接受信息素质教育，以弥补教学计划的不足。专题讲座的老师可以由本馆馆员担任，也可以邀请知名数据库、数字图书馆的工作人员担任，比如，让万方数据库、超星发现系统、中国知网等数据库的工作人员来图书馆开设专题讲座，由于内容专业具体，因此会受到用户的欢迎。高校图书馆的讲座内容应当围绕馆藏资源与服务指南、电子资源的检索与利用、常用软件使用方法等内容展开。北京大学图书馆举办的一小时专题讲座则颇具特色。该馆最初以电子资源的检索与利用为主，开设15个专题讲座，后来又增加了"工具书系列"和"常见应用软件使用"专题讲座内容，从而提高了用户使用资源的准确率和效率。

6. 参观培训法

参观培训法是指有关机构根据用户培训的教学要求组织用户到图书馆的现场，观摩图书馆内部结构和运行机制，以获取相关知识的一种方法。该方法的优点在于：首先，能提高知识信息的传递速度。多项研究表明，看与听相比，通常可多记住一倍以上的内容。在视觉信息传递中，看实物比看图像要快 3~4 倍。通过实地参观，能获得正确、鲜明、切实的感性知识。其次，用户可以了解到最新的进展情况。现场观摩比使用教材更能够紧跟图书馆发展动态，它可以避免教材的滞后性。

7. 在线教育培训法

随着网络技术的广泛应用，使用网络进行用户教育成为可能。在线教育内容包括传授文献信息知识、提供虚拟检索、设立帮助系统和疑难解答。同时具有线上交流及查询功能，用户通过在线自学，就可实现对信息的方便查询。

总之，随着网络图书馆构建的日渐完善，一个开放的、动态的学习环境正在形成，它为图书馆开展用户教育提供了广阔的施展空间，图书馆在延续其传统的教育方式和使命之外，更应该利用这一机遇积极地营造新的教育环境，对用户进行信息素质和技能方面的培训教育，让他们知道信息是如何组织的、如何寻找信息以及如何利用信息，为终身学习做好准备。这正是信息时代赋予图书馆的使命职责。

六、咨询接谈

咨询接谈就是图书馆馆员在向用户提供信息服务的过程中，通过语言的、非语言的交流发现和确定用户想要什么帮助、用户真正的咨询问题是什么、用户需要什么样的信息等的过程。咨询接谈是信息咨询服务中的关键环节，其基本目的就是要弄清楚用户真正的信息需求，帮助用户明确其咨询问题，以更好地开展图书馆信息服务。

（一）开展咨询接谈的重要性与必要性

在信息咨询工作中，用户有时候并不能清楚地表达他们真正的信息需求，对图书馆的误解也会导致他们不能充分表述想咨询的问题。一般情况下，如果图书馆馆员只是按照用户所问的问题做简单的回答而没有深入钻研下去的话，可能会满足不了用户真正的信息需要。因此做好咨询接谈是非常重要且必要的。

（1）用户的初次提问有时并非真正的咨询问题。用户的第一个问题往往只是打开交谈的一个方式，只是想向馆员问好，让馆员知道他们需要帮助，并且根据被咨询馆员的反应来判断他是否是一个易接近的、可以提供帮助的人。用户的第一个问题常常是"您能帮助我吗""能问您一个问题吗"等一些并不具有实际咨询意义的问题，这时候用户其实只是想以此引起工作人员的注意。当然有时候用户的第一个问题听起来像是真正的提问，但深入交流下去之后，往往发现用户要问的并不是当初的问题。因此在咨询接谈开始时，被咨询的馆员应有意识地以一种谦逊而令人愉快的态度，让用户感觉到工作人员真的是在听他们说话和表述信息需求，并且乐于帮助他们。

（2）用户有时很难用一种咨询馆员所习惯的表达方式提问。有的用户很可能不明白图书馆的工作是如何组织的，也不明白各类信息资源是如何排列的，因此会常常问一些一般性或涉及面很广的问题，而他们实际所需要的只是其中的某一部分，导致馆员很难准确地解答；另外，有些用户会按自己的思维去设想图书馆的组织原理，比如他们会认为关于一个主题的所有信息资源会集中在同一个地方，而实际上却不是这样的，尤其在信息载体不断推陈出新、学科高度分化、交叉学科不断出现的今天，更是如此。比如关于某省、某市的信息可能分布在年鉴、百科全书里，或在旅游书籍、地理类图书中，也可能在历史著作中。因此为了更好地解答用户的提问，图书馆馆员需要了解更多的信息，这就要求通过双方深入细致的交流来明确用户的信息需求。

（3）特殊的用户有特殊的信息需求。图书馆应尽力为每一位用户提供个性化、人性化的服务。通过咨询接谈了解不同用户的特殊需要，而不能用统一的模式去解答不同类型的咨询。比如有些用户可能只有有限的教育背景，或有语言障碍、或有其他某种缺陷使他们很难清晰地表达其咨询的问题。比如对于少儿读者而言，他们也有真正的信息需求，只是常常不知道如何表述，因此必须通过交流来了解他们的真正需求。因此，图书馆馆员应尽力帮助每位用户，并且要特别注意咨询接谈的方式与技巧。

（4）用户的期望有时会过高或过低。有些用户在到图书馆进行咨询的时候常常会遭遇失败，因为他不明白在图书馆能获得哪些服务，或者担心提问出的题会让他们丢面子。因此，用户对图书馆的期望有时低到令人尴尬的程度，也许根本就不会提问，总是设法自己解决；还有一些用户的期望值很高，高得不切实际，他们会以为被咨询的馆员是快速而准确地回答任何问题的，而且任何问题都能方便而快速地通过数据库、搜索引擎或其他网络检索工具等获得答案。这些情况也需要通过咨询接谈来加以协调，将用户的信息需求和心理期望定位在一个合适的位置，以便能获得满意的服务。

（5）用户有时会出现无知或担心。在某些情况下，用户其实不知道他们想要什么或需要什么，只知道图书馆是一个能够提供信息和帮助的地方，因此只会带着一个模糊的目标来图书馆，问的问题也常常不着边际。在这种情况下，咨询接谈就显得尤为重要，因为不通过交谈而只按照用户的模糊提问来解答，这样提供的信息很可能会和用户真正的需求大相径庭甚至背道而驰。还有一些用户知道他们想要什么，但却因为种种顾虑或原因不想直接问这个主题，而用一般性的问题或其他提问方式来掩饰真正的问题。因为他们对要问的问题有一些担心，特别是当这个问题有争议或是比较敏感之时。因此不能只按用户的初次提问来解答，否则很可能会和用户真正的需求相去甚远。

(6) 咨询结束时同样需要咨询接谈。在帮助了用户之后，虽然被咨询的馆员可能感觉自己已经完成了咨询问题，但向用户再核对一遍是必不可少的，别忘了再问用户一声："这些足够解答您的问题吗？""这些就是您想要的吗？"因为有时就会发现馆员所提供的信息并不能解决问题；或所提供的信息能解答他们的问题，但他们真正想要的却不是这样的；或能解答，但又会引出新的问题。特别是如果答案是从另一个图书馆或上级馆获取的话，那咨询结束时的接谈工作就显得尤为重要。

(二) 通过咨询接谈明确用户的信息需求

用户来到图书馆，是为了寻找所需信息，在这之前，他们一定已对某项工程、某些工作或要问的问题有了一连串的思路。但在信息咨询的过程中，当被咨询的馆员的解释或所提供的答案不能满足其需要的时候，用户往往会修改他们的问题，被咨询的馆员会发现最后回答的问题常常不是用户的首次提问。因此在提供帮助之前，被咨询的馆员必须要通过参考接谈获取尽量多的信息，以便弄清楚用户到底需要什么。对于用户来说，他们需要图书馆的帮助，但常常又不能清楚明确地表达出他们真正的需求，这也许是图书馆馆员最难做的工作之一，同时也是最重要的工作之一。那么用户真正要问的问题是什么呢？在咨询接谈中应注意获取以下信息以便明确用户真正的信息需求。

1. 咨询什么问题

用户常常会问一些很宽泛的问题，因此需要在接谈中逐渐缩小问题的范围。比如说他们要有关动物的图书，这就需要明确，他们需要有关动物哪方面的信息，是想了解动物的种类分布情况还是想知道动物的生活习性。尽量问一些容易引起讨论的问题，这些问题不是用"是"或"否"就能回答的，而是要能引起双方的交流和讨论，其目的就是要用户用他们自己的话来逐渐明确地表达他们的问题，直到双方最后达成对问题的统一认识。

2. 用户为什么需要该信息

问清楚用户的咨询目的以及如何使用所提供的信息也很重要，因为这关系到向用户提供什么类型及什么层次的信息，从而为用户提供有针对性的主动服务。比如解答关于某一主题的咨询问题时，就需要被咨询的馆员要事先弄清楚用户需要该信息是为了写论文还是旅游，而为写论文和为旅游所准备的信息是完全不同的。

3. 用户是做什么工作的

通过了解此情况可以确定向用户提供什么水平或层次的信息，比如为一名资深医生提供的信息的深度显然要高于为一名医学本科生做作业所提供的信息深度。不过需要注意的是千万不要凭自己的印象去判断用户的身份。举例来说，一个妇女需要汽车维修方面的信息，但你不能主观地断定她需要的只是一些非常简单的知识，因为她也许是这方面的专家。

4. 用户所需信息的类型和数量

对特定用户来说，特定类型的信息才会有用。或许需要的是某个语种的信息，或者需要水平较低的阅读资料，而如果这个人是一个专家，则会需要一些比较专深的信息。因此要弄清楚用户需要的是印刷型资料还是只需要一份电子版的短篇文章就够了，还是与之相关联的信息都需要。

5. 什么时候需要

如果用户只回答说"尽快要"，这对被咨询的馆员来说是不够的，但往往很多人都这样回答，因此最好的方法是直接让用户指明最后期限。明确最后期限对问题能否得到及时解答非常重要，尤其是当被咨询的馆员无法现场解决问题，甚至要寻求其他图书馆或上级机构帮助的时候，就必须要知道最后期限，以便在用户限定的时间内给予尽快解答。

6. 用户已掌握哪些信息

如果用户在寻求帮助之前自行检索过，而被咨询的馆员又掌握了检索状况的话，就会大大节约时间、提高效率。因为这些信息能给馆员的解答提供一些相关线索，同时也可避免向用户重复提供他们已掌握的信息。但必须指出的是，在使用图书馆的工具进行检索和查找方面，被咨询的馆员比用户更熟练、更全面，因此应该在必要的时候适当地了解用户的检索情况并提供相应指导。

7. 已有信息是在哪里检索到的

此信息也非常重要，因为有可能关系到用户所提出的问题能否得到有效回应。比如当用户需要一本书或一篇文章，但只能通过馆际互借或文献传递方式才能解决时，就需要用户给出相应的线索或完整的引文，因为如果没有资料来源，一些图书馆是不会接受馆际互借请求的。

第四节　大数据环境下图书馆参考咨询服务创新

参考咨询是图书馆的一项核心业务工作，主要是指咨询图书馆员解决用户在使用图书馆资源中遇到各种问题。如今，图书馆参考咨询服务的发展出现了诸多问题，诸如管理制度落伍、技术更新滞后、思维模式陈旧、方向定位偏差、服务方式单一等，旧技术、旧思维、旧治理需要被大数据技术、大数据思维及其治理理念所更替，大势所趋。但是，以云计算为特征的大数据时代正在兴起，数据的获得和分析能力日益提升，图书馆有必要构建以数据信息为基础的参考咨询服务创新机制，通过数据的协调与耦合实现规格、类型、数量等无缝对接，进而提升图书馆参考咨询服务社会适应能力。

一、大数据环境对图书馆参考咨询服务的影响

（一）大数据技术对图书馆参考咨询服务的影响

图书馆参考咨询服务主要是指计算机管理（主要是指文献管理集成系统）、各类电子资源、网络信息资源、读者个人信息等生成的结构化数据，通过参考咨询方式，例如 FAQ、BBS、电话/传真咨询、E-mail 咨询、表单咨询、实时型咨询（QQ 在线咨询等）、图书馆微信公众号、微博等，解决用户提出的各种问题，但传统图书馆参考咨询服务中面对面咨询和信函咨询除外。参考咨询方式产生的半结构化数据，在图书馆咨询台留下的各种痕迹

（阅读、查询、搜索、存储等）以及咨询过程中呈现的视频和音频信息，均是非结构化数据。以上种种数据与大数据技术息息相关，正在逐年增加。可见，大数据技术对图书馆参考咨询服务不同类型的数据产生了深远影响。主要表现为图书馆参考咨询中数据存储与大数据存储能力难以匹配，数据处理需要应用大数据技术，提升了参考咨询的组织能力、分析能力和储存信息能力，将信息安全提上了日程，涉及图书馆机构组织的知识产权、个人的知识产权、个人隐私等信息安全问题亟待解决。

（二）大数据思维对图书馆参考咨询服务的影响

大数据是一种技术革新，一种方法论，更是一种新思维方式，业已被广泛运用于社会生活的各个领域，逐渐成为重要的生产因素。它既体现在数量、组成分布、数据结构上，又体现在价值上。可见，大数据具有类型多、速度快、容量大、价值高等特性。大数据发展到今天，突出了思维的转变作用。传统的思维模式表现为发现问题—分析问题—解决问题，属于典型定式的、因果的思维模式，在很大程度上禁锢了人们的思想。大数据的出现颠覆了人们的思维方式，面对浩如烟海的数据，先因后果，或先果后因，均不能找到解决问题的正确方法，于是人们以相关关系替代了因果关系，促使人们的思维发生质的变化。

大数据思维是基于多源异构和跨域关联的海量数据分析产生的数据价值挖掘思维，进而引发人类对生产和生活方式乃至社会运行的重新审视。思维是认识过程的高级阶段。大数据思维以感知的技术为基础，超越了大数据技术的界限，包含思维态度，以及人们思想上对大数据的认识和重视。思维方式，大数据思维范畴。大数据思维的丰富完善是驾驭大数据和实现其价值的关键。

其内容主要包括从普适性的角度指导大数据实践应用方法论，为大数据应用实践提供理论依据和指导。可见，大数据思维的本质在于激活数据价值和释放数据潜能。其特性具有开放性、规律性、无偏性、关联性。同时，大数据思维的开放、采集、连接和跨界的属性，极大地提升了互联网知识的易取性、快捷性与精确性，以至于用户知识获取方式几乎完全颠覆以往通过完整的专业文献收藏所形成的学科文献提供能力和依托专业工具书所形成的学科问题咨询能力。这就需要图书馆有思想准备，重新思考参考咨询的核心竞争力，构建大数据时代下图书馆参考咨询服务新体系。所以，图书馆参考咨询服务本质上是图书馆对参考咨询服务发展规律的新认识和新理解，是对自身和服务作用的新定位，应打破思维惯性，导入大数据思维，注重内涵，注重质量，以辩证的态度，针对不同的咨询问题提出最佳咨询方案，解决用户的实际需要。

（三）大数据治理价值对图书馆参考咨询服务的影响

大数据记录了各种社会行为和状态。2012年联合国颁布《大数据政务白皮书》明确指出，大数据对于联合国和世界各国政府都是一个历史性的机遇，人们可以利用丰富的数据资源实时地评估社会经济，帮助各国政府有效地响应社会和经济运行。可见，大数据的服务价值不断得到突显，通过数据挖掘和应用，从细微的数据中发现不同层面的动态数据，其精细化管理更加明显，能够帮助图书馆馆员科学地分析不同类型的数据，从而捕获潜藏的、有用的知识，大幅度地提高图书馆参考咨询决策效率与效益。

通过大数据的挖掘和分析，揭示了数据之间的相关关系及其隐藏的规律,为图书馆参考咨询决策者提供一定参考。同时,大数据能够揭示规律,面对未来具有良好的预测能力。大数据的预测功能是基于海量历史数据和实时动态数据而形成的。通过云计算和特定的预测模型,去推测未来某件事发生的概率;通过对数据的整理与分析,可预测达到用户下一步的需求。所以,大数据价值具体包括强化科学决策化、增强过程控制以及提升预测能力等。

二、大数据环境下图书馆参考咨询服务创新机制研究框架

以数据驱动图书馆参考咨询服务创新决策,是图书馆参考咨询服务创新机制的核心。伴随着大数据的飞速发展,数据逐渐成为图书馆参考咨询服务创新的重要资源,依次形成了需求数据预测、过程数据监测、数据反馈及支持决策等不同阶段。不同阶段所产生的数据呈现大规模、实时、多样化等特性,对图书馆参考咨询服务创新具有重要的应用价值。如图 4-2 所示①。

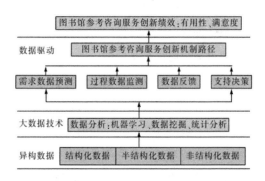

图 4-2　大数据时代图书馆参考咨询服务创新机制研究框架图

---

① 袁红军.大数据时代下图书馆参考咨询服务创新机制探究 [J] .图书馆工作与研究,2017 (01):16-19.

该研究框架表明，图书馆馆员或用户在获取所需要数据的基础上，将大量异构数据（结构化数据、半结构化数据、非结构化数据）融合、吸收、重构，通过大数据技术验证和论证，即数据分析（机器分析、数据挖掘、统计分析），形成数据驱动，即需求数据预测、过程数据预测、数据反馈、支持决策，逐次递进，环环相扣，共同作用于图书馆参考咨询服务创新机制，促使数据转换为知识，并通过图书馆馆员或用户大脑知识加工的智能过程，完成显性知识和隐性知识之间的多次螺旋往复的转化作用，最终产生具有创新性的新知识，解决用户的知识咨询需要，提升图书馆参考咨询服务创新绩效。数据软硬技术因子的优化使图书馆馆员利用数据的能力增强，数据工作专业性增强，复杂性增加，促进了新的数据的产生。

三、大数据环境图书馆参考咨询服务创新机制实现路径

（一）强化需求数据预测

用户在使用图书馆过程中遇到问题时，才会向图书馆馆员发送咨询请求，被咨询的馆员根据实时数据展开的咨询服务，无论从规格，还是数量上，均具有滞后性。因此，图书馆参考咨询服务要有适当的超前意识。要以大数据为基础，加强用户研究，包括用户需求层次、咨询频率情况、咨询内容等，强化需求数据预测，为用户后续的需求提供准确、及时的帮助。图书馆参考咨询服务预测机制的核心即是要馆藏资源、咨询系统与用户（现实用户和潜在用户）匹配，咨询方式与被咨询的馆员匹配的数据关系，通过构建吻合性指标体系，设计观测点，准确把握用户的需求信息，实时动态采集相关数据，例如全国图书馆参考咨询联盟用户咨询频率情况。联盟平台采用免注册，用户通过选择表单咨

询、知识咨询、实时咨询台发送咨询需求，咨询结果最终发送到用户电子邮箱或 QQ 中。依据联盟平台设置文献咨询与传递服务动态显示，未答复的文献咨询（2015 年 11 月 30 日 15 点 10 分至 15 点 36 分）为 228 个，同一时间段已答复的文献咨询为 220 个，咨询问题与结果答复基本持平，很少出现恶意咨询的现象。谢朝晖在《全国图书馆参考咨询联盟用户需求特点及服务现状分析》中选择了一个月内咨询次数超过 10 次的用户作为分析对象，共有 3508 个。咨询数量最多的为月咨询文献 526 篇次，其次为 504 篇次，均为同一个电子邮箱。通过这一电子邮箱足以发现用户咨询的规律，预测用户未来的需求。大数据提供了各类数据的收集、分析和研判的技术支撑。例如，图书馆馆员可以利用引文分析法、聚类分析法、专利分析法等，按不同用户的需求提供针对某一具体研究领域或研究问题数据分析服务，从而辅助用户预测研究趋势。

（二）实施过程数据监测

传统图书馆参考咨询服务以目标管理为中心，被咨询的馆员各自为战，自我监督与控制，重心工作为咨询结果评估，强调事后考评，缺乏事中监测，以至于整个咨询过程信息过滤、反应较为迟钝，个别突发问题得不到掌控，易引起用户的咨询焦虑症状。大数据背景下图书馆参考咨询服务注重过程管理，特别重视过程产生的海量数据监测，实时跟踪数据的捕获、遴选。咨询过程中呈现的各种数据，根据用户需求，可随时随地进行咨询方案的微调，达到用户满意为准。大数据背景下，图书馆参考咨询实施过程管理，优化数据整合，展开对数据的收集、分析、挖掘、储存、管理、组合等能力。一方面，图书馆要重视现有的各类数据资源建设，如馆藏文献信息资源、电子资源、经过加工形成的二次、三次网络信息资源等结构化数据；另一方面图书馆也要积极收集用户个人信息、用户与被咨询馆员互动过程所产生的大量半结构化数据、非结构化数据，并充实到数据资源库中。以上不同类型数据，在服务实施过程中开展人为监测或利用动态组合技术监测。动态组合技术可以有效地处理多种来源异构的数字资源，如对检索得到的数据进行分析，包括引文分析、文本挖掘分析等，从中发现新知识、掌握科学发展动态。

大数据背景下，图书馆参考咨询服务建立完善的过程监测因子体系，对各因子的状态数据及时采集和提取，并定期发布因子质量报告，将监测到的因子数据与行业技能要求数据进行动态对比，从而发现问题与不足，为后续咨询活动提供数据支持，例如日常咨询系统。日常咨询包括非实时型咨询和实时型咨询两种服务方式，依托底层数据库搜集日常用户咨询信息，设置权限分级，并且系统与主页"常见问题"联动。后续系统还将标准问题和典型案例进行优先显示。另外，过程检测还应高度重视数据的保密和个人隐私权的保护，进一步完善数据资源的保密机制。

（三）重视数据反馈

用户回访是图书馆参考咨询服务创新的重要组成部分，通过对用户咨询结果数据的掌握，适度自我调整，有利于进一步完善图书馆参考咨询服务创新机制。在传统参考咨询中，咨询台提供用户反馈意见登记簿，面对面接收或电话回访用户咨询结果的满意度。数字参考咨询服务系统均设置用户反馈系统，在用户收到咨询回复后可对咨询结果进行评价。例如，从全国图书馆参考咨询联盟平台"读者来信"中选取的 460 条用户反馈建议记录，真实反映了用户使用平台的感受，有助于联盟改进工作方式。数据反馈涵盖了咨询内容的深度与广度、咨询时间延时与快捷、系统的便捷性使用、被咨询的馆员服务意识等，主要涉及资源建设和回复实效两个方面。大数据和云计算的综合应用，让参考咨询服务数据反馈收集要坚持完备性、关联性和连续性等原则，在更大的数据环境中审视用户咨询需求，技术上可以实现即时动态和全程跟踪，及时收集完整的数据信息，注重数据关联性，尤其是多种异构数据，进行全程、连续、不间断的数据收集，形成一个完整的数据链，解决用户的实际问题。

（四）建立数据驱动决策机制

大数据正在改变传统的直觉和经验式决策模式，数据驱动决策机制日益受到决策者的重视。由于传统参考咨询服务与数字参考咨询服务日常咨询总是累积大量的数据，不能简单地看待这些流水账的数据，经过一段时间总会发现一些变化，这为图书馆参考咨询服务通过咨询数据支持图书馆决策提供了数据基础。例如图书馆参考咨询联盟平台精心设计了数据仓库和管理平台。这是数据决定决策的重要基础，设置资源共享排行、图书馆排行、咨询员排行、质检员排行、实时咨询统计、读者留言、读者来信等栏目，通过管理平台，定期对不同层面和视角的数据源展开收集、分类、整理，尽量保存历史和即时数据状态，遴选出有价值的数据，及时提供给管理层，为管理层下一步决策做参考。

第五章　现代图书馆移动阅读服务研究

移动互联网时代，各类移动终端设备得到了迅速的普及，借助智能手机等移动设备让在线阅读十分便捷，移动阅读成为了主流趋势。如今越来越多的人习惯在候车、等人的间隙拿出手机，在线搜索感兴趣的阅读内容。智能语音、云计算、虚拟现实等高新技术的进步，更是推动了数字出版的发展，让移动阅读资源更加丰富。对于普通读者而言，借助移动终端获取数字化出版物，不仅节省物理空间，而且方便快捷，相比纸质阅读优势显著。移动阅读尤其是手机阅读的发展，改变了广大读者的阅读方式与习惯，给图书馆等信息服务机构带来了巨大冲击。作为信息的存储与传播机构，图书馆需要充分发挥自身优势，顺应移动阅读时代发展趋势，构建符合读者移动阅读习惯的服务模式。本章内容包括图书馆服务的竞争力：移动阅读、移动阅读对图书馆服务的影响、图书馆移动阅读服务的实践探讨、图书馆移动阅读服务的创新发展。

第一节　图书馆服务的竞争力：移动阅读

一、移动阅读的兴起

所有借助无线网络访问下载所需资源，或通过智能手机、平板电脑等移动终端进行阅读的行为都被称作移动阅读，如利用微博阅读文章、通过新闻客户端获取新闻资讯等。移动阅读是一种新型的阅读方式，依托电子产品存储量大、信息搜索迅捷的优势，可以为读者展现丰富的阅读产品，输出图像、声音、文字等多样化的资源。移动互联网在潜移默化中改变了我们的生活方式，让移动阅读成为我们的日常习惯之一。

移动阅读是对数字阅读的拓展，特别是数字化出版、电子纸技术的发展，使得移动阅读载体增多，吸引了更多人加入移动阅读队伍中。利用移动阅读设备，读者可以随时随地掌握最新信息，相当于拥有了一个移动的图书馆。

二、移动阅读的特点与优势分析

与纸质阅读方式相比，移动阅读具有阅读方式灵活化和简便化、阅读内容浅表化和多样化、阅读时间碎片化，以及阅读成本低廉化的特点。移动阅读充分发挥了移动互联网的互动功能，读者可以主动参与，根据喜好选择阅读文本，并通过互联网下载和评论。读者之间也可以借助阅读兴趣这个纽带，建立打破时空限制的兴趣小组，实现思想交流与知识分享。如今语言精练的特色语录，引人入胜的短篇评论，在朋友圈得到大量转发，表明人们更喜欢阅读主题鲜明、篇幅短小、信息集中的内容，方式更为多样化，阅读文本也趋于快餐化。由于阅读时间的碎片化，读者选择阅读内容的针对性更强，不再是选择一本厚厚的图书，而倾向于选择其中的某一章节或某段文字，以便提高时间利用率。

三、移动阅读对读者行为产生的影响

移动阅读为人们获取信息提供了丰富的渠道，让阅读资源无处不在，改变了人们传统的阅读习惯。如今更多的读者倾向于数字化、碎片化的阅读方式，在线阅读花费的时间增多，阅读也朝着浅表化、功利化的方向发展。

一是在线阅读时间增加。各类智能终端设备的普及，各种数据库资源的开放共享，为人们获取信息提供了便利，也使得广大读者在线阅读的时间逐渐增多。研究表明，超过 20% 的大学生每天在线阅读的时长超过 1 小时，超过 40% 的大学生每天在线阅读的时长超过半小时[①]。移动互联网技术加快了信息传输的速度，微信、微博等的信息交互功能，让广大读者可以在线交流、转载、评价感兴趣的内容，同时图片、视频、文字等多样化的阅读类型，带给读者更加直观、立体的阅读感受，这也在无形中提高了用户的黏度。移动阅读时代很多信息机构也推陈出新，如图书馆购买国外优质的电子资源、出版社对知名网络作家的作品进行包装宣传等，这些阅读资源吸引了读者的眼球，让他愿意花费更多时间上网浏览信息。

二是碎片化阅读成常态。现代社会生活压力增大，生活节奏逐渐加快，人们很少有时间完整地阅读一本图书。而利用移动终端设备进行碎片化阅读，是当下很多上班族的新选择，这成为他

---

① 殷剑冰. 移动阅读对读者行为和图书馆服务的影响 [J]. 图书馆学刊，2019，41（07）：91-94.

们掌握新闻资讯、学习新知识的重要途径。简短的教学视频，短小精悍的微信公众号文章，方便人们在候车、茶余饭后进行碎片化阅读，丰富了人们获取信息的渠道。加上微博、微信等即时通信工具的应用，不同群体之间的信息交互，让具有相同爱好的用户聚集在一起，形成特殊的网络社群，这使得信息机构可以对受众群体细分，使阅读资源的推送更为精准高效。

三是阅读内容功利化。阅读是人们获取知识、增长才干的重要方式，有助于开阔人们的视野，启发人们的思考，也可以解决工作、生活中常见的问题。然而如今很多人开展的移动阅读活动具有功利性，认为所获取的信息必须要对自己有益。这样的想法与认知，势必会导致移动阅读朝着功利化的方向发展，促使社会上出现很多质量不高的书籍。从阅读内容来看，更多的人会选择短视频、新闻资讯、网络小说等，而选择在线阅读经典名著的用户越来越少。很多人的阅读内容更偏向于休闲娱乐化，希望通过阅读解决实际问题，鲜有开展深层次、专业化的阅读，这对于营造良好的在线阅读环境是不利的①。

总之，移动阅读时代的到来，开阔了人们的思维，给纸质媒体带来了巨大冲击。移动阅读拥有庞大的用户群体，有着超越传统阅读的趋势。移动阅读让读者选择增多，手持移动终端成为获取信息的主要工具，提高了阅读的便捷性与高效性，有助于信息机构借助大数据技术掌握用户偏好，提供高精准度的服务。移动阅读的发展，使得纸质资源的使用量减少，这与我国倡导的绿色环保理念不谋而合，客观上起到了保护环境的作用。

---

① 付跃安. 图书馆移动阅读服务需求研究［J］. 图书馆杂志，2015，34（04）：87-93.

第二节　移动阅读对图书馆服务的影响

移动阅读改变了用户的阅读习惯，对图书馆传统的阅读服务方式提出挑战，促使图书馆重新审视自身定位，客观认识现有服务与用户需求间的差距，以便调整自身，更好地适应新时代发展的新要求。

一、改变用户需求

图书馆为用户提供的传统纸质阅读方式，与移动阅读在类型、方式上存在较大差异。移动阅读不受时空限制，属于快餐式阅读，形式更加随意，内容更加丰富。用户通过移动设备获取的信息，不仅包括原始文献资料，也包括经过多次加工、筛选与挖掘的信息，节省了用户检索专业知识耗费的时间，方便不同用户之间的交流与评论。移动阅读吸引了大批忠实粉丝，使得图书馆传统的阅读服务逐渐丧失吸引力，这就要求图书馆不得不改进服务方式，以满足用户的移动阅读新需求。图书馆也有必要在服务理念、服务设施上进行变革，掌握用户需求的变化趋势，借助移动信息技术提供虚拟交互式阅读环境，让信息服务更加个性化。

二、改变馆藏资源结构

移动阅读以便捷、高效、信息量大的优势，受到广大读者的推崇，使得很多读者不再依赖于图书馆纸质文献，而倾向于借助互联网检索信息。这就导致图书馆的纸质馆藏利用率降低，促使图书馆采集更多数字化资源，以适应用户的移动信息服务需求。在移动阅读环境下，读者对图书馆提供的文献类型也有新要求，不再局限于专业文献检索，而是涉及人文、时政、娱乐等多个方面。为了让读者可以获得更多移动阅读资源，很多图书馆强化数字化资源建设工作，通过与电子出版商、数据库运营商合作，以采集、开发、利用全球信息资源为目标，改变馆藏结构单一的局面，让馆藏资源结构逐渐趋向多元化、系统化。这样的变化减少了图书馆的纸质资源存量，降低了纸质文献采购费用，也让用户可以便捷地在移动终端获取图书馆各类信息资源。

三、改变信息服务流程

图书馆传统的信息服务流程，一般是依据文献采访、编目、传递的流程进行设计的，每个环节的业务内容相对固定。移动阅读不仅改变了文献采访编目方式和图书馆馆藏结构，也促使图书馆设计更为合理的信息服务流程，以适应用户多元化的需求。在移动阅读环境下，图书馆用户希望信息检索更加智能化、个性化。为此，很多图书馆借助大数据、人工智能等新技术，对用户数据进行全面分析，在挖掘用户个性化需求基础上，做好信息服务流程的重构工作。为满足不同层次用户的需求，弥补单个图书馆存在的不足，很多图书馆纷纷加入区域联盟，旨在促进馆际互借与资源共享，让区域馆藏资源得到合理化配置，实现数字化馆藏一站式检索，为读者提供更多选择，这在一定程度上有助于构建高效便捷的信息共享平台。

第三节　图书馆移动阅读服务的实践探讨

随着移动互联网的普及，图书馆数字资源的服务形式越来向手机、平板电脑端发展，实现了阅读资源经典化、碎片化、个性化相融合的移动阅读模式，可以通过 WAP 站点浏览阅读，可以下载 App 客户端进行阅读，可以借助微信进行资源的碎片化、个性化阅读。移动阅读无论是服务形式还是服务内容，都在借助移动服务终端不断增加新的功能，在丰富服务形式的同时，还不断深化、整合阅读资源的服务内容，以随需而动的服务理念契合用户个性化、碎片化、专业化的阅读需求。

一、图书馆移动阅读服务实践的背景分析

移动阅读服务是在数字图书馆技术和移动互联网技术日趋成熟和普及的背景下新出现的一种阅读服务形式，图书馆移动阅读服务的初期是以数字图书馆资源作为移动服务的底层资源，利用技术实现阅读资源的可移动化，以满足用户对阅读资源的移动浏览、下载和阅读，借助移动终端设备实现图书馆资源服务的可移动化，并探索在移动终端实现馆藏资源搜索、到期提醒、预约借书、续借服务等移动 OPAC 服务，开展图书馆新闻、通告、新书通报等信息服务，但由于可直接用于移动终端阅读的资源十分有限，同时受终端操作系统的限制，初期的移动阅读服务没有很好地解决各类阅读资源的统一检索、统一调度和全文阅读的资源利用问题。

近年来，随着通信技术的进步和智能手机移动终端的快速普及，微信、微博等新媒体运用而生，使文字信息传递不再是简单的短信文本，而是丰富的图像、声音并茂的文档，这种可以显示声音、图像等多媒体信息的传递方式成为人们获取知识信息的重要手段，图书馆利用这些新媒体的信息传递方式不断扩展和改造移动阅读服务，进一步提升图书馆移动阅读的服务水平，不但解

决了移动阅读经典化、系统化的服务方式，同时还发展了互动化、个性化、碎片化等多媒体的服务方式，极大地丰富了移动阅读服务的实践形式。

二、图书馆移动阅读服务实践的平台

图书馆移动阅读服务依托服务平台的功能以多种形式为用户提供移动阅读服务，目前应用比较广泛，包括在传统移动服务基础上发展起来的移动图书馆、App 移动客户端和微信公众平台嵌入。移动图书馆以图书馆集成管理系统和基于元数据信息资源整合为基础，实现图书章节和主题片段的检索与阅读，不但提供资源的经典阅读、系统阅读，同时着力于元数据整合的一站式搜索。App 客户端移动服务注重数据中信息和知识的挖掘，利用文本编辑器，屏蔽各种浏览器之间差异，为用户推送相关资源。微信公众平台为阅读资源的移动阅读提供了二维码阅读服务形式，同时提供了图书馆集成管理系统、数字资源的移动服务形式、信息公告，为移动阅读提供信息推广服务。

（一）移动图书馆阅读服务平台的构建

移动图书馆阅读服务的方式是针对特定 IP 范围开放数据的库资源权限，移动图书馆服务平台通过在图书馆 IP 范围内设置代理服务器，利用注册的方式实现阅读资源在移动终端的访问。移动图书馆在保留阅读资源数据加密措施的基础上，将阅读资源转换为适合手机移动终端使用的统一界面，解决了移动图书馆在移动终端广泛应用的技术瓶颈，同时在系统的应用层、业务层和数据层全面整合各种阅读资源的应用与管理，为移动阅读打通技术壁垒（如图 5-1）。

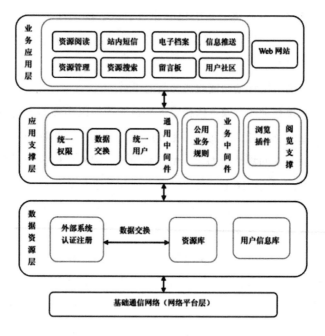

图 5-1　移动图书馆阅读服务功能原理

从图 5-1 可以看到，移动图书馆通过网络平台层、数据资源层、应用支撑层、业务应用层实现图书馆信息管理系统、数据库资源和订阅系统的集成，构建信息交流互动平台。其中移动图书馆与图书馆信息管理系统的集成实现了书目系统与数据库资源的集成，以及移动阅读资源的一站式检索与全文移动阅读；订阅功能的集成包括新闻、图书、报纸、杂志、图片等频道分类，为用户提供多源信息的个性化移动阅读体验。在移动图书馆阅读服务功能模块中，阅读资源的集成实现了数据库资源的统一检索、统一调度和全文阅读。移动图书馆信息互动平台功能主要实现了移动阅读的评论和分享，在阅读图书时可以进行评论、添加心得，通过账号绑定也可以分享给微信、微博等好友。

（二）App 移动客户端阅读服务平台的构建

移动"互联网+技术"和新媒体技术的发展，出现了新的资源利用模式，使 App 移动终端阅读方式得到了广泛的应用，图书馆可以不依赖第三方的移动图书馆，而是由资源的供应商直接提供其资源的 App 移动端阅读，通过扫描由资源访问网址形成的二维码，即可直接通过手机端阅读资源。

由于 App 移动服务功能是由各个资源供应商直接提供的移动阅读方式，因而其服务功能的实现方法略有不同，最简单的方式是嵌入到图书馆的微信公众平台，用户不需要授权即可通过图书馆的微信公众平台直接访问其服务模块进行阅读；另一种方式是通过下载 App 移动客户端，进行注册实现资源的手机端阅读；更复杂的方式是双向授权方式，通过下载 App 移动客户端后，利用手机号认证获得授权，然后为获得认证授权的账号使用 App 反向授权 PC 设备，实现二者的同步阅读。由于嵌入图书馆微信公众平台的 App 服务系统灵活开放、功能强大及全平台支持，目前在各个图书馆得到了广泛应用，极大地提高了图书馆移动阅读服务水平。

App 移动客户端与移动图书馆相比较而言，更加注重对用户使用行为数据的记录与统计，包括日志信息、用户信息、App 使用外部环境信息，利用特定的工具对用户在 App 平台上的阅读行为进行记录，并提供相应的统计功能。

（三）微信二维码碎片化移动阅读服务平台的构建

微信二维码碎片化阅读是随着微信公众平台的发展新兴的一种阅读方式，与移动图书馆和 App 移动客户端相比，其阅读更加方便，不需要用户安装任何客户端或软件平台，只需要通过微信推文中的二维码识别即可阅读全文。

微信二维码碎片化阅读的主要功能是借助移动互联网平台，将阅读资源内容进行重新分解，为资源个体赋予二维码，并通过微信公众平台将资源个体的内容直接推送到用户手机上，利用微信公众平台的互动功能建立资源交流圈，实现对资源的评论、转发、分享等，使用户从资源的被动接受者转变为资源的主动传播者。

微信二维码碎片化阅读功能的特征是集资源、阅读、社交数据挖掘等功能为一体。在阅读的同时，为用户提供了沟通与讨论的平台，通过二维码的识别次数、评论次数、转发数及分享人数，记录用户对哪本书或哪篇文章感兴趣，从而清晰地掌握用户的资源利用轨迹、了解用户阅读行为，为资源的碎片化、个性化推送提供了基础，通过对用户数据的深度挖掘，实现资源间的关联，同时实现阅读资源数据挖掘与数据分析的无缝对接。

微信二维码碎片化阅读相比移动图书馆和 App 移动客户端更容易与纸质资源相融合，在移动阅读的实践推广中，既可以通过二维码展示纸质馆藏，也可以利用嵌入纸质馆藏的二维码直接扫码阅读移动资源。

三、图书馆移动阅读服务实践的模式探讨

(一) 移动阅读与社交融合

移动图书馆、App 移动客户端和微信二维码移动阅读形式的重要特征是将移动阅读与社交相融合，为用户带来越来越多的互动体验，通过移动阅读内容的采集、管理构建移动阅读的价值观，利用移动阅读内容呈现和管理对其进行质量的甄别，搭建移

动阅读公共平台模块，与用户形成良好的互动。因此图书馆移动阅读实践推广的一项重要内容就是依托平台与用户进行深度互动，从而推动个性化、互动化阅读。图书馆移动阅读与用户互动的形式主要是通过鼓励用户在公共平台模块进行留言、评论，并利用内容标志进行同主题资源聚类，进一步为用户推送相关资源链接，将移动阅读与社交融合，利用用户的深度阅读实现个性化、互动化阅读。

（二）移动阅读与传统阅读融合

移动阅读以移动互联网为依托，在增强用户个性化、互动化阅读体验的同时，越来越注重与传统阅读相融合，为用户提供立体化阅读模式。图书馆移动阅读与传统阅读相融合的方式是在移动阅读的推广中展示传统馆藏，而在传统实体馆藏中展示移动阅读二维码，从而催生了互为嵌入的立体化阅读模式。常见的案例是在移动阅读推广中，向用户推送资源导读或者全文阅读时，以突出的方式将资源的馆藏信息附带在推广消息下方，同时将资源全文阅读二维码或者 App 移动客户端二维码粘贴在纸质期刊或者图书上，用户在阅读纸质资源的同时通过扫描二维码可以获取该期刊本期和往期的所有内容及纸质图书的电子版全文。

（三）移动阅读与营销服务相融合

移动阅读在推动个性化、互动化阅读，以及催生新的阅读模式的同时，立足移动阅读终端功能，越来越注重营销服务，利用活动营销来转化、加深、沉淀用户群。目前图书馆活动营销的形式多样化，如以移动终端推广为目的的宣传抽奖活动、以转化移动阅读用户群为目的的专题活动、以加深和沉淀用户群为目的的话题活动。虽然活动的营销形式不同，但其营销定位有 3 个方面：一是通过线上、线下活动相结合，促进用户互动来推动移动阅读社交关系的扩展，活跃移动阅读氛围，以此扩大用户群；二是以资源为核心进行营销，通过开展与资源契合度高的活动深化资源挖掘、推广，促进用户深度阅读，吸引用户的参与，并形成活动品牌，利用品牌效应提升移动阅读特色；三是注重由用户引导的活动内容，由用户通过话题活动推动营销活动的深入，激活用户潜在阅读需求，借此来传播移动阅读价值观，从而增强移动阅读与用户之间的关系。

第四节　图书馆移动阅读服务的创新发展

我国图书馆移动阅读服务开展的时间不长，发展缓慢，服务内容与用户需求也无法有效对接。因此，图书馆要想获得长足发展，必须充分认识移动阅读的价值，提升移动阅读服务技术，丰富与创新服务内容，建立完善的服务模式。

一、完善移动阅读服务技术

图书馆要紧跟移动信息技术发展步伐，及时引入新技术、新设备与新方法，做好移动阅读服务系统的开发、建设与维护工作，全面提高移动阅读服务技术水平。目前国内已很多企业可以提供移动阅读服务系统，如江苏汇文软件公司研发的移动图书馆系统。图书馆可以与这些企业合作，共同开发符合自身需求的服务系统，也可以借助既有的科研资源自行设计，积极开发移动阅读服务客户端，并为到馆用户提供平板电脑、电子书阅读器等，让更多的用户享受便利的移动阅读服务。目前很多图书馆仅能够提供馆藏检索、读者信息管理等基础性服务，既有系统提供的移动阅读资源相对有限，服务功能单一，还不能称之为真正的"移动图书馆"。为此，图书馆在处于开发设计移动阅读服务系统阶段时，要做好用户信息的全程跟踪分析工作，结合用户的反馈改进服务方式，让服务系统具备移动检索、位置服务、个性化定制、信息导航等多样化功能，让服务系统更趋完善。

二、丰富移动阅读服务内容

为广大用户提供丰富多样的阅读资源，是图书馆提升用户移动阅读体验的必然要求。如今很多人使用移动阅读仅是为了休闲娱乐，使得网络文学、短视频等受到追捧，也吸引了数量较多且稳定的用户群体。图书馆若能够对用户感兴趣的网络阅读资源进行整理，筛选有特色的阅读资源作为移动阅读的主要推送项目，势必会提高读者的关注度。同时图书馆需要根据不同群体的特点，推送具有个性化的服务内容，并利用微信、微博等平台增进与用户之间的交互，进一步提高用户的参与度。例如华东政法大学图书馆借助微博平台，设置"诗情画意""书香华政""每日一读"等阅读推广主题，定期为用户推送图文并茂的阅读内容，受到广大师生的一致好评①。

三、建构智能化阅读服务模式

在移动互联网环境下，图书馆的移动阅读服务不再局限于简单的信息推送，而是要求在信息多向交互的基础上，深入挖掘用户的个性化需求，提高服务系统的智能化水平。移动阅读的智能化，将是图书馆移动服务的必然趋势。图书馆应该积极搭建多样

---

① 姜莉莉. 移动阅读服务在国内图书馆中的开展模式及发展 [J]. 现代情报，2016，36（02）：125-128.

化可以交互平台，如微博、微信、官网 App 等，一方面可以获得更多用户的信息数据，另一方面可以引入人工智能技术，实现对用户行为数据、意见建议的聚合分析，准确把握不同用户的需求。图书馆要大力开发智能化服务系统，主动寻求与高新技术企业的合作，引进更为智能化的移动阅读设备，开发更为便捷的图书馆客户端，不断拓展服务渠道。图书馆也需借助计算机智能技术，结合用户的检索、阅览、咨询等行为数据，建立不同群体用户的移动阅读行为模型，分析用户的移动阅读特征和需求，并为他们提供个性化定制、参考咨询等服务。

在移动信息技术高速发展的背景下，移动阅读的发展，在给读者带来多样化选择的同时，也对图书馆传统借阅服务带来了巨大冲击。图书馆利用适宜的信息技术，制定合理的移动阅读服务流程，通过与企业合作搭建移动阅读服务平台，不断丰富移动阅读服务内容，从而吸引更多用户参与，这是促进图书馆移动阅读发展的必要手段，也是图书馆助力书香社会建设的必然途径。

第六章　现代图书馆的图书资料管理与服务创新

在当今世界，科学技术日新月异。各种各样的新理论新知识陆续登场。专业性强、理论水平高的图书资料为广泛的教学、科学研究和社会生产提供服务。图书资料是相关人员进行科学研究和教学的重要知识库。搞好图书资料管理，对促进中国科学技术的进步有重要现实意义。本章内容包括图书资料管理的重要性、信息化技术与图书资料管理创新、知识创新与图书资料服务平台构建、图书资料服务助力科研发展的创新思考。

第一节　图书资料管理的重要性

新时期，人们对知识的需求更加迫切。图书资料是人们获取知识和信息的重要来源。图书资料管理水平的高低直接影响着读者的阅读满意度，在信息技术发展和应用速度迅速提高的背景下，阅读资料的有效应用和效果直接影响着读者的阅读满意度。

图书资料管理必须依靠信息技术的优势，积极运用图书资料管理的日常流程，改革和创新图书资料管理模式，确保图书资料管理的效率和水平。在这种背景下，读者自然可以获得更好的阅读体验。同时，如何改革现有的图书资料管理模式，是每个图书馆在实际工作过程中必须注意的问题。

图书资料不仅在各行各业发挥着重要作用，而且还关系到这个行业的生存和发展，特别是科研机构和教育机构。作为社会公共服务体系的重要组成部分，基层图书馆和资料室在各种服务和领域发挥着作用。在新时期具有一定主动性的情况下，充分发挥现代管理物资的价值，以知识为核心资源和核心动力是当今知识经济时代的主要特征。随着图书馆和资料室数量的不断增加，人们所需的信息和知识也在不断地创新和发展，我们要把握形势，从新的角度来运用知识管理。现在的管理方法是改变知识的先进性，采用积极引进管理的原则，以理论和实际方法加强图书资料室知识的收集、整理、研究和传播能力。图书部门要充分利用人的创新能力、森林功能能力、知识能力和知识，提高全员素质，满足知识创新和经济发展的时代需要。

信息时代，第一生产力是科学技术的创新和发展。科技信息优势必须通过知识管理来建立。我们要保持竞争优势，实现创新发展，不能盲目跟风。要做好图书资产的知识管理，把资料室建设成为信息研究机构，就必须有效地收集与本行业相关的最新动态和前沿知识。这样，才能保证人们的创新。此外，通过减少信息领域的相关投资，可以节省大量的人力、物力和财力。知识管理对互联网的影响是显而易见的。在日益知识化的经济中，人们不能仅凭模型来管理现有的传统。对于纸质档案的不合理管理、相关资源的利用问题可以通过互联网解决，对于书和资料的管理可以用科学的管理方法和手段。就在新的知识处理中，如果缺乏整理分析资料室收集、整理、分析的能力，会出现各种各样的问题，进而图书馆就会变得没有活力和魅力。图书馆通过物资管理的被动对策引入知识管理，改变被动的信封功能，主动的服务，改革管理理念，将更好的资源提供给读者，同时也能够满足知识经济时代图书资料发展的各种需求，更好地体现图书资料的价值。

第二节　信息化技术与图书资料管理创新

信息化技术的兴起与发展，促进了图书事业不断发展。在现阶段我国图书资料管理中，很多图书馆都引进了信息化技术，有利于提升图书资料管理水平。在当前的社会发展中，为了满足社会发展以及人们的需求，必须要改变传统图书资料管理模式，所以当前图书管理人员必须要重点思考的问题是怎样在图书资料管理中应用信息化技术。

一、信息化技术在图书资料管理中应用的意义

（1）有助于推动馆藏资源共享。以前的图书资料很多都是采用纸质形态来保存，馆员的工作压力大，而且对图书馆服务对象的数量进行了限制。在信息化技术迅速发展的背景下，利用互联网就可以迅速获得和传递各种类型信息，现代图书馆的查阅形式和内容都朝着多样化发展，而且从资源独享慢慢变成了资源共享，利用馆藏资源，不仅可以实现不同图书馆资源之间的优势互

补，实现资源之间的彼此分享和沟通，而且还能够对馆藏缺陷进行弥补，减少图书收购的成本。

（2）有助于充实馆藏内涵。利用信息化技术可以突破时间和空间的约束，就图书资料服务来讲，其服务格局具有多层次以及多样化等特征，而且馆藏图书资源有深厚的内涵。首先，运用信息化技术能够获得互联网中大量的信息源。比如，线上数据库以及电子期刊等，读者无需受到时空的约束，在任何地方、任何时间都可以获得所需的信息资源。其次，运用信息化技术，图书馆有了更多的电子文献收藏，可以使传统纸质文献的不足得到弥补。由此可以得出，今后图书资料、馆藏资源将变成电子文献资料和纸质资料并存，也可以避免浪费大量的纸质资料。

（3）有助于完善检索服务。近年来，图书资料数量越来越多，类型也更加丰富，出现了越来越多的信息载体，导致图书资料检索工作很难顺利开展，而运用信息化技术不仅可以完善检索方法，让读者在人机交互界面自动筛选所需查阅的文献资料，利用字段来匹配检索，也可以利用图像匹配等方法进行检索，进而提升检索水平、保证检索结果的准确性。并且可以进一步完善检索环境，运用信息化技术所带来的检索工具，读者不需要在特定的图书馆中来检索图书资料，可以利用互联网实现远程登录，以获得和检索信息。

二、信息化背景下图书资料管理面临的挑战

（1）信息技术带来的挑战。随着科技的不断进步，让人们有了更多获得资料信息的途径，促进社会信息化发展，然而网络和计算机的普及应用直接影响到传统的图书馆，尤其是对用户数量造成了重大的打击，用户流失情况普遍存在。尽管就图书馆管理来讲，图书馆有着明显的优势，然而无法满足现代人对信息获取的实际需求。因此，要想解决人们查找资料的问题，必须要利用网络来快速找答案，这就造成在图书馆中不能充分使用图书资料，也影响到图书馆的综合效益。

（2）图书馆工作操作面临的挑战。在计算机技术不断普及的背景下，图书馆的业务流程也趋向于网络化形式。从某个角度来看，利用计算机技术使图书馆工作操作模式有了翻天覆地的变化，便于图书馆开展各项工作，而此变化对图书馆的综合能力提出了越来越高的要求。不仅要求馆员了解专业知识，还要具备较强的计算机技术，可以利用网络做好采购以及服务活动。在时代发展的背景下，图书馆资料的要求也会影响其发展，导致图书馆没有足够的资金来选拔人才，而且不能针对在职人员开展专业培训，这样也不利于促进图书馆信息化变革。

（3）图书馆管理制度面临的挑战。随着社会的不断进步，使人们对图书馆数字化提出了更高的要求，这就要求图书馆必须要转变自身传统的管理制度，促进图书馆信息化发展。然而在图书馆中有很多传统形式的资料，在图书索引上缺乏较高的效率。因此，在管理制度改革过程中，必须要将纸质图书资料变成电子形式的信息资料，然而此项工作具有很大的难度。此外，在数字化图书馆建设中，必须要根据图书馆的实际资源情况，科学编制图书馆的管理工具和应用界面，这些问题都必须依靠图书馆的信息化发展，才能得以实现。

三、信息化技术在图书资料管理中的应用领域

（一）信息化技术应用于文献检索中

现阶段图书馆有很多图书，其标准参差不齐，缺乏统一性，

图书资料没有科学有效的管理，如有些图书馆因为自身条件的约束，通常都是采用套路数据的方式，将自建数据作为辅助，造成使用进度落后于编目进展。因此，将信息化技术运用在文献检索中是图书馆发展的必然趋势。

（二）信息化技术应用于文献分类中

在图书文献资料分类中应用信息化技术，应遵循系统的分类原则，采用这样科学分类图书资料，才会达到自动化的目的。现如今，采用的文献资料分类专家系统，主要包括中文地质资料以及文献资料等分类系统。文献资料系统利用计算文献向量之间的近似度，将近似度偏高的文献准确归类。评价模式是以人工评价为主，评价结束后利用信息化技术输进知识库，将此作为重要依据，成为二次分类文献资料。而中文地质资料系统是基于 DOS 环境，利用 GCLPS 软件制作，其特征是采用产生式表示法，其模仿《中国图书资料分类法》的分类思维方法以及分类原则①。

（三）信息化技术应用于图书资料管理自动化中

目前，我国各行各业都普遍运用信息化技术，比如，日常生活中经常见到的是自动导向车系统。在汽车制造领域中应用信息化技术，可以迅速提高汽车运输水平，减少能源消耗，而将自动化技术在图书馆中应用，如将 ACV 离散控制技术运用于图书馆中，合理设置智能小车，要求其完成图书定位以及搬运工作，这样不仅可以提高图书馆的工作效率，还减少了人力成本。具体来讲，通过应用智能小车，无需顾虑图书位置，让小车可以自由行走，准确定位小车，就可以使小车做好图书搬运工作。要想提高

---

① 宋鑫. 信息化技术在图书资料管理中的应用 [J]. 信息记录材料，2021，22（04）：127-128.

工作效率、避免图书馆严重影响小车运行，可以将新标定位安装于智能小车中，以减少书架对小车作业的影响。

四、图书资料信息化管理的措施

(一) 增强管理者的综合能力

要想确保图书资料管理工作可以正常进行，对管理者的专业素质提出相当高的要求，有关部门在选拔管理者时，必须要充分考察应聘者的各个方面。比如，计算机操作能力、职业道德等，选出与企业发展需求相符的优秀人才。首先，应该尽可能提升图书资料管理水平。其次，必须要确保图书资料信息的准确性和完整性。同时，有关部门必须要定期或者不定期对管理者开展专业培训教育，以确保管理者可以迅速适应信息化管理的发展趋势。

(二) 注重网络安全管理

在图书资料管理工作中，增强网络安全管理是必不可少的重要环节，其关乎图书资料的安全性，所以需要对网络安全管理引起注重。

其一，有关部门必须要积极推进资料数据库建设，通过利用资料数据库，对图书资料进行科学分类。

其二，必须要重视人力资源和财力的投入，确保数据库可以稳定运行。

其三，加强网络安全监督与管理。将信息传播范围不断扩大，以加快图书资料信息的传播速度，因为在图书资料管理中通常都是利用计算机技术，有关部门必须要严格监督网络信息，对网络信息内容合理分类，避免网络受到网络病毒的侵害，防止图书馆重要的资料信息被泄露，提高图书资料信息的全面性和安全性。

（三）重视技术的研究和开发，积极引进新的技术

随着科技的日益发展，在信息化背景下，为了可以提升图书资料管理效率，需要从国内外积极引进先进的技术，图书馆自身也必须要重视技术的研究和开发，才能更好地服务于读者。例如，运用数字化集成技术优化整合不同地区的图书资料信息，便于在网络平台上更加全面地查找图书资料，然而当前的图书资料信息化管理在技术上还是存在漏洞，很难更好地服务于每个读者，满足每个读者的需求。因此，在信息化背景下，图书馆工作人员需要注重图书资料管理的技术研究和开发，进一步挖掘图书馆潜在的能力。

总而言之，随着信息化技术的高速发展，当前的图书管理已经进入了信息化时代，图书资料管理是图书馆的主要工作之一，其管理效率的高低直接决定是否可以满足信息化环境下每个读者的实际需求，这也是现代图书馆必须要深入探究的问题。在图书资料管理中普遍运用信息化技术，可以凸显出图书资料管理的合理性和有效性。

第三节　知识创新与图书资料服务平台构建

我们现在所处的时代是知识经济时代，在这个时代经济增长的动力源泉是知识的高效应用以及知识创新。知识创新是一项高度依赖信息运动的活动，它通过信息的调节与交流，不断地丰富和充实创新的方法和思路。而一切创新的根本是新知识，创新的第一要素也是知识资源，知识创新的最为重要的功能是知识的生

产、应用以及传播。在这个创新体系之中，知识信息搜集、整理、传播与存储的最为重要的基地的文献信息服务机构是图书资料室，也展现出了其重要性。而在教育系统之中，知识的创新更是尤为重要，因此，构建图书资料服务平台也具有非凡的意义。网络环境现在对于高校图书馆的影响越来越大了。而这样的影响也就决定了建立高校图书馆网络信息资源服务平台的重要性与必要性。随着计算机、材料科学以及现代技术的发展，信息也已经不再通过单一的纸质文献进行传播，而更多的是利用电子文本的形式，同时借助于光盘、网络等的媒介，出现在大家的视野中。网络传播信息的速度以及数量优势让传统图书馆的馆藏结构发生了变化。

在这个日新月异的时代，知识都是不断创新的，想要将这种创新的知识提供给读者，就必须要建立网络环境下的图书资料服务平台，也可以通过这样的媒介将这些新知识带给读者。我们也能够从这里看出知识创新与图书资料服务平台的建立的密切相关。

第一，在知识创新中图书资料工作发展的必然趋势是知识服务。知识创新对于知识信息有着非常强烈的需求，正是这样的需求才为图书资料工作的开展提供了非常广阔的空间。在不断变化的信息环境之中，图书资料室想要不断发展以及保证自己的生存，那么就必须要在机遇到来时抓住机遇，不断地发展知识服务，只有这样才可以在信息机构的冲击和挑战之中站住脚。图书资料工作向知识服务方面的发展与延伸，是图书资料工作向知识化、信息化发展的必然结果，也同时是发展过程中最内在的需要。

第二，信息环境与知识创新对于传统的图书资料工作产生了强烈的冲击。现如今，信息资源越来越趋向数字化，信息系统越来越趋向于虚拟化，大家对于信息的获取与检索已经变得越来越简单、越来越方便。也正是因为如此，信息服务已经非中介化，图书的传统业务工作已经趋于非智能化和专业化，这些都导致了传统的图书资料工作的智力内涵以及技术内涵都相对下降。在信息技术与市场经济的驱动之下，各类网络化信息服务所主导的虚拟信息系统正在将全面的信息服务（包括文献检索、收藏与传递）直接就提供给最终的用户，各类网络化信息服务系统也渐渐地保证了网络信息服务的主流地位，这些都导致了信息服务市场和学术信息交流体系的重新组合。

第三，在知识创新的同时对于图书机构能够开展知识服务提出了具体要求。图书资料室的最基本的职责就是为用户提供服务。现在社会经济结构不断发生变化，知识经济占社会经济的最重要位置，社会的需求也相应地发生了比较大的变化，知识总量也不断地增加着，同时用户自身结构也相应地发生了巨大的变化。随着用户信息需求的相应增加，网络环境下的图书室的存在形态也随着发生着变化。在信息资源的采集、信息服务、管理模式以及信息加工等方面，图书资料室也都将发生更加深刻的变革。用户迫切需要内容新颖全面、形式多样、类型完整、来源广泛的信息，不再满足于单一的馆藏信息服务。我们能够从这些需求之中看出，这些综合化的、全方位的信息需求根本就不可能是仅仅一个图书馆就可以满足的。我们需要很多其他信息单位通过共同协作来完成信息资源的共享与共建。同时用户还需要网络化、信息化的信息，这些都迫切需要图书馆对于文献信息资源迅速实现网络化以及电子化的组织工作进行加强。我们需要通过对知识信息进行分析、整序以及综合，演变为最新的序列化的知识单元，为用户提供最为便捷的服务。

第四，满足知识创新图书资料服务平台的层次构成。满足知识创新图书资料服务平台的层次构成大体上分为信息资源层、支持环境层和应用服务层。图书资料机构开展信息服务的基础便是信息资源层，信息资源建设需要确立共享范围、增加采集的范围，并通过选择深层次的处理与加工，来满足知识创新用户各种各样的需求。我们可以通过依靠网络信息资源、文献资源，以及以文献资源的网络资源为基础而加工形成的文献数据库、节目数据库、事实数据库和全文数据库来完成上面的需求。支持环境层是支撑服务平台运行以及存在的最基本条件。它包括技术支持环境、网络设施环境、管理机制以及其他的支持环境。

第五，对于知识创新与图书资料服务平台的探讨与总结。图书资料服务平台能够将不同学院、不同地区、不同国籍等的知识进行密切联系，为知识的创新与传播提供媒介。我们也能够看到，正是因为有了图书资料服务平台，知识的创新速度也才会随之加快。也同样是因为有了图书资料服务平台，知识经过创新之后所形成的新的知识系统才会更快地被大家所接收、理解、吸收。知识创新与图书资料服务平台之间有着非常密切的联系，二者相互促进，相辅相成。探讨知识创新与图书资料服务平台有着非常重要的意义。

第四节 图书资料服务助力科研发展的创新思考

一、图书资料在科研中的地位和作用

（一）图书资料在科研中的地位

图书资料是一种重要的信息资源，科研单位的图书资料包括其下属图书馆的藏书、刊物及资料室收集、加工的资料、文献等一切对科研有用的信息材料。图书资料是科研人员从事研究的第一手资料，是科研的知识信息支柱和强有力的后盾，其质量和服务直接影响科研工作的开展及科研成果的水平和质量。可以说，图书资料是社会科学研究的基石和重要保证。

（二）图书资料对科研的作用

图书资料影响着科研各个阶段的工作进展。合理地利用图书资料，提高科研工作的效率，有利于科研人员花较少的劳动取得更优的学术成果。在这个飞速发展的信息时代，谁占有大量的信息资源，谁就在激烈的科研竞争中占据优势。

在科研的准备和选题阶段，图书资料能启发科研人员的思路，为制订研究计划提供依据。对其准备的课题，科研人员既要了解其历史沿革和背景情况，还要掌握它的发展方向和趋势。只有通过全面查阅、系统研究与选题有关的文献和目标问题的综合情况，才能制订出科学可行的研究计划，避免滞后或重复研究。

在科研工作的进展中，科研人员一方面要通过开展实地调查，收集大量的原始资料、数据，并对其进行加工、处理；另一方面还需要经常查阅、利用图书资料，在了解前人的研究程度和尚未解决的问题的基础上，再进行自己的独立思考的分析研究。

在结题阶段，科研人员要参考和借鉴著作及国内外刊物中关于研究对象的新情况、新问题和成果的相关报道，以作为研究结论的依据和理论支撑。

另外，图书资料还能积累科研成果并加速其的转化、利用和分享。

二、科研新形势决定了图书资料工作的新定位

（一）当前科研形势及对图书资料工作提出的要求

当前，我国处于发展壮大的关键时期，经济、社会发展出现了许多新情况、新课题，国际环境错综复杂，伴随而来的是各种风险和困难。随着改革的深入，诸多深层次矛盾和问题陆续暴露出来。哲学社会科学的使命就是要回答时代提出的重大问题，解决经济社会发展中关键的、紧迫的现实和理论问题，为党和政府决策提供专业咨询和科学依据[1]。而社会科学研究是一种知识创造活动，不仅具有创新性，在很大程度上还具有累积性和继承性。科研人员既要精通本研究领域的情况和发展趋势，又不能忽视相关专业和有关边缘学科的动向。社会科学研究对象综合性强、涉及面广、内容丰富，研究理论和方法日新月异，加之科研课题有时间和经费等方面限制，社会科学研究的任务重、难度大、要求高，这些社会科学研究的新特性对图书资料信息在存量、结构、实用价值和服务等方面都提出了更高的要求。目前科研工作要求的图书资料信息涉及的学科范围广、内容全、门类多，急需前沿的、学术价值高的文献信息，需要图书资料工作追

---

① 林俐. 加强图书资料服务，促进科研事业发展 [J]. 贵州民族学院学报（哲学社会科学版），2010（05）：203-205.

踪社会科学各个领域的研究动态，辅助科研人员在有限的时间内获得最有效的成果。

（二）图书资料工作的性质和定位转变

图书资料工作具有基础性、烦琐性、服务性、学术性和艰巨性等特征。新形势下，科研机构的图书资料工作要秉承"立足科研，面向科研，以科研为中心"的服务宗旨。简单地分类、整理上架已经不能满足科研的要求，除了保存以往积累的各种资料、数据，收集、整理国内外的图书资料和文献外，还要采集最新的研究成果，进行图书资料的深度加工，对资料进行分辨、筛选、分析研究，把蕴藏其中的学术动态、深层信息提炼出来。通过不断提高服务水平和强度，由单一的借阅服务向情报化、信息化方向提升，及时为科研工作提供有针对性的、系统的、有指导价值的情报分析材料，才能为科研工作奠定坚实基础，保证科研工作的顺利开展。

三、提高图书资料服务水平，促进科研事业发展

在科研机构，图书资料服务读者的过程也就是图书资料人员按照研究人员的需要，用各种手段、以最快的速度对相关学科信息、最新成果、发展趋向进行系统追踪，对科研工作有启发、有益处的，或可支持研究的论据、论点的信息收集、加工并最终传递给研究人员的过程。因此，科研机构的图书资料工作要坚持"科研第一，知识服务"的理念。

（一）做好图书资料的基础工作

图书资料的基础工作是采集和收藏。图书资料的积累首先应根据科研专业内容、任务及学科建设和发展的需要，区别轻重缓急，有目的、有计划、有针对性地收集需要的文献情报资料，形成能找得出、用得上、靠得住的信息支持系统。

第一，保证连续性，做好基础图书资料的储备。收集有长远收藏价值和使用价值的专业参考书和工具书资料，如年鉴、志书，各个时期出版的地方文献及社科著作、报刊等。收集学术性、专业性强的资料，如统计资料、地方文史资料、民族文化资料、经济社会调查等。这类图书资料是各学科研究的基础，特别能为各种比较研究和时期跨度大的系统研究提供依据和参考。

第二，注重时效性，做好重点学术资料的采集。图书资料室应根据本单位的研究计划来安排购置、整理图书资料的重点。收集与当前研究任务相关的、科研所急需的、能反映最新科研成果和发展趋势、有代表性、高学术水平的正式与非正式出版物，重点应放在专业书刊、文摘、学术论文、科研报告等相关的资料收集上。

第三，兼顾协调性，做好专业图书资料的积累。图书资料室的资料积累要有专业侧重，不要与本单位图书馆藏书有过大重复，要有协调性和互补功能。各个资料室积累的图书资料应以本研究室专业图书资料为主，主要是本专业的经典著作、专业书与工具书，以及主要报刊、目录索引和各学科有代表性的学术刊物，为本研究室的重点课题提供学术动向追踪、论点综述。

(二) 围绕科研展开专业服务

随着科学的发展和文明的进步，各种分支学科、前沿学科层出不穷，文献量暴增，载体丰富多样。由此，图书资料工作为科研服务的内容也在相应扩展和延伸。根据服务的程度和针对性不同，可分为普通服务和定制服务。

1. 普通服务

科研单位图书资料的第一职能就是为开展科研工作服务。科研人员的研究领域、承担的课题不同,对信息资料的需求也不同。图书资料室要有针对性地收集文献资料,利用图书情报信息知识及其丰富的文献资源优势,为科研工作提供专业化服务。通过挖掘文献中蕴含的各种深层次信息,对分散的不同学科、不同类型、不同载体文献中的知识信息进行筛选分类、整理分析、鉴别提炼、研究归纳、编辑成高水平的二、三次文献。对浩如烟海的资料文献去伪存真、去粗取精,使资料文献由千头万绪变得井然有序,升华为对客观对象真理性的认识。通过不断提高资料的质量和应用价值,方便科研人员在有限的时间内获取较大的信息量,能更多地依靠和利用图书资料工作为其提供的加工成品。

2. 定制服务

对省委和省政府安排或委托的重大、紧迫科研任务及科研所承担的国家或地方的重点科研项目应提供专门的"学科馆员",为课题组提供针对性强的专题定制服务,如开展实地数据采集,对相关纸质工具资料、国家重要数据库、相关网站等信息数据源进行检索、收集、整理及内容分析工作;为项目开展专题情报跟踪,进行文献资料检索、翻译、复制等;对最新的信息进行加工处理,为科研提供专业化、系统化、深层次的知识产品,保证项目从立项到结项全过程随时能得到图书资料方面的支持。

(三)提高服务手段,提升专业素质

科研单位的图书资料人员既要热爱本职工作,也要关注科研事业,乐于奉献,甘为人梯,要从"服务科研"的大局出发,以"服务科研"为己任,不断提高自己的专业能力和职业修养。要做好图书资料采购、技术、情报工作,还要当好研究工作的助手和参谋。

第一，加强与科研人员的咨询和交流，努力提供"有求必应"服务。科研单位的图书资料人员服务的主要对象是从事科研工作的专业技术人员，图书资料人员和科研人员要时常沟通，切忌不闻不问、各自为阵。图书资料人员要主动和研究人员联系，了解他们的研究情况，倾听他们的需求和愿望，并将交流的情况反馈给有关部门，以便准确及时地为他们提供服务，避免服务与需求产生脱节。另外，还要主动向科研人员普及检索知识和方法，处处为科研人员着想，为他们寻找资料创造条件。这样做一方面能提高图书资料的利用率，另一方面还有利于科研人员把大量查找资料的时间节省下来专心从事学习和研究。

第二，主动参与科研工作，为课题研究付出创造性劳动。资料工作和科研工作的有机结合能最大限度地实现互利和双赢。科研人员从事的课题大都是前沿问题，他们要随时了解科研动态，面对来源繁多的资料信息难以逐一过目。图书资料人员通过主动参与科研工作，熟悉本单位的科研进程，能更充分地了解到课题研究对图书资料的需求方向，变被动服务为主动服务。紧紧围绕科研课题研究的问题，将大量零散的信息进行收集、加工，及时传递更为完整、真实、准确的科研理论与实践的信息和动态，揭示某领域某方面的演变趋势甚至是规律，为研究决策提供依据，这一过程实质上也是一项创造性的研究活动。参与研究工作既能保证资料搜集的有用性、有效性和适时性，同时又锻炼了图书资料人员，提高了队伍的业务能力和知识水平，进一步实现了图书资料工作及其人员的价值。

第三，不断提高图书资料队伍的专业素质和能力。科研单位的图书资料人员不仅要具备图书馆学、情报学的知识，还要掌握相关的业务和文史知识。为更好地辅助科研工作，还应熟悉与本单位研究专业范畴相关的学科理论知识，了解和关注一些具有较大影响、具有一定权威的学科代表著作和学术见解。加强信息开发意识和学术动向追踪意识的敏锐度，掌握新技术和管理方法，提高对资料和学术成果的整理、归纳、研究能力，为科研工作提供优质、周到、专业的服务。

总之，科研工作离不开图书资料工作，科研单位的图书资料工作必须紧紧围绕科研工作开展。图书资料人员和科研人员要相互合作、沟通信息，不断提高图书资料在科研中的服务水平和程度，共同为繁荣发展哲学社会科学研究事业做出贡献。

结束语

所谓服务是图书馆的永恒主题,就是把服务作为图书馆的办馆宗旨,在任何情况下不动摇、不偏离、不取代图书馆服务;坚持服务是图书馆的终极目标和根本目的,把服务作为图书馆一切工作的出发点和归宿,把服务作为贯穿图书馆一切工作的主线;始终坚持面向读者,读者至上,服务第一。

参考文献

一、著作类

[1] 江涛, 穆颖丽. 现代图书馆服务理论与实践 [M]. 郑州: 河南人民出版社, 2014.

[2] 孙琪. 现代图书馆参考咨询服务 [M]. 合肥: 安徽大学出版社, 2015.

[3] 田长斌. 现代图书馆移动阅读服务研究 [M]. 北京: 现代出版社, 2019.

[4] 袁明伦. 现代图书馆服务 [M]. 成都: 四川大学出版社, 2013.

二、期刊类

[1] 包平, 李艳. 图书馆组织服务导向与服务质量的关系研究 [J]. 大学图书馆学报, 2019, 37 (03): 84-91.

[2] 曹树金, 罗春荣, 马利霞. 论图书馆个性化服务的几个基本问题 [J]. 大学图书馆学报, 2005 (06): 34-40.

[3] 曾子明, 陈贝贝. 融合情境的智慧图书馆个性化服务研究 [J]. 图书馆论坛, 2016, 36 (02): 57-63.

［4］陈武，王平，周虹.下一代图书馆服务平台初探［J］.大学图书馆学报，2013，31（06）：82-87.

［5］陈雅，郑建明.我国图书馆个性化服务管理机制研究［J］.图书与情报，2011（01）：6-9.

［6］初景利.嵌入式图书馆服务的理论突破［J］.大学图书馆学报，2013，31（06）：5-9.

［7］邓玉芳.图书资料管理的重要性分析［J］.文化创新比较研究，2020，4（12）：145-146.

［8］付跃安.图书馆移动阅读服务需求研究［J］.图书馆杂志，2015，34（04）：87-93.

［9］关廷美.探讨知识创新与图书资料服务平台［J］.办公室业务，2012（07）：68+70.

［10］胡赛.移动阅读环境下图书馆角色定位与服务创新［J］.长沙航空职业技术学院学报，2017，17（04）：110-113.

［11］姜莉莉.移动阅读服务在国内图书馆中的开展模式及发展［J］.现代情报，2016，36（02）：125-128.

［12］李杰伟，卢娟.关于图书资料工作为教学科研服务的思考［J］.中共伊犁哈萨克自治区州委党校学报，2010（04）：102-103.

［13］林俐.加强图书资料服务，促进科研事业发展［J］.贵州民族学院学报（哲学社会科学版），2010（05）：203-205.

［14］罗昌华.基于全渠道理论的图书馆资源建设与服务模式重构［J］.图书情报工作，2018，62（05）：40-46.

［15］马骏涛，董秋生，黄文，等.图书馆开展移动阅读服务的问题及对策［J］.图书馆论坛，2013，33（01）：91-93+115.

［16］宋鑫.信息化技术在图书资料管理中的应用［J］.信息记录材料,2021,22（04）：127-128.

［17］孙晓明,张爱臣.知识服务与图书馆组织结构变革［J］.图书馆工作与研究,2010（11）：45-48.

［18］孙雨生,仇蓉蓉,黄传慧,等.国内数字图书馆个性化服务研究主题演化分析［J］.情报理论与实践,2014,37（08）：41-47.

［19］汤杰清.信息化技术在图书资料管理中的应用［J］.兰台内外,2020（34）：13-15.

［20］王楠,祝忠明,董济生.图书馆电子期刊的集成组织与服务［J］.现代情报,2006（05）：143-145.

［21］翁畅平.图书馆参考咨询工作的范式演变及挑战［J］.图书馆学研究,2009（02）：84-86+56.

［22］吾热亚提·玉素甫.浅析图书馆参考咨询工作中的定题跟踪服务［J］.佳木斯职业学院学报,2021,37（05）：31-32.

［23］夏翠娟,张燕.图书馆移动阅读服务的新契机：HTML5 和 CSS3［J］.现代图书情报技术,2012（05）：16-25.

［24］轩银梓.组织文化视角下公共图书馆志愿服务长效机制探究［J］.黑河学刊,2019（02）：168-169.

［25］杨利军,高军.图书馆个性化服务中的大数据可视化分析与应用研究［J］.现代情报,2015,35（07）：68-72.

［26］杨亮,雷智雁.大数据环境下图书馆个性化服务研究［J］.现代情报,2014,34（04）：74-77.

［27］杨选辉,赵婧,崔兵兵.图书馆 UGC 资源建设与服务探究［J］.图书馆学研究,2019（11）：87-92.

［28］殷剑冰．移动阅读对读者行为和图书馆服务的影响［J］．图书馆学刊，2019，41（07）：91-94.

［29］袁红军．大数据时代下图书馆参考咨询服务创新机制探究［J］．图书馆工作与研究，2017（01）：16-19.

［30］袁静．情景感知自适应：图书馆个性化服务新方向［J］．图书情报工作，2012，56（07）：79-82+97.

［31］张泽梅，吴斯佳．图书馆移动阅读服务创新研究［J］．情报探索，2020（08）：86-91.